수업에 100% 활용하는

메이커교육 가이드북

수업에 100% 활용하는

메이커교육 가이드북

오보영 지음

리더북스

추천의 글

코딩, 3D프린터, 피지컬 PC 등 고급 장비와 기술에 치우친 기존의 메이커교육은 메이커 활동의 근본인 마음껏 상상하고 자유롭게 만드는 메이커 문화의 교육현장 정착을 어렵게 하고 있다. 저자는 이러한 한계점을 정확하게 진단하고 메이커 문화 본래 의미를 살리면서 학생들의 심미적 역량, 문제 해결 역량, 의사소통 역량을 키워 줄 수 있는 메이커 교육을 제시하고 있다.

특히 TBMSI 수업모형은 실제 교육현장의 메이커교육에 관한 고민과 성찰이 담긴 훌륭한 메이커 수업모형이다. 이 책을 통해 현장의 다양한 교과목 교사들이 메이커교육이 가진 강력한 교육적 효과를 자신만의 교육상황과 특징에 녹여내고 풍성한 메이커교육이 발전할 수 있을 것으로 기대한다.

- 신승인(교육학 박사, 경기기계공고 교장)

프롤로그

모든 학생이 다양한 분야에서 재능을 발휘할 수 있는 교육

메이커교육은 새로운 아이디어를 발상하고 만드는 과정에서 다양한 분야를 통합적으로 학습하는 것을 말합니다.

처음 메이커교육을 접했을 때 학교 현장에서 마주할 수 없는 장비들을 사용하여 만들어진 멋진 제품을 보며 감탄이 절로 나왔습니다. 그러나 교육 현장에 적용하기에는 다소 무리가 있었습니다. 준비해야 할 고가의 장비들이 많아 적용하기 어렵겠다는 생각이 먼저 들었습니다.

메이커교육을 왜 미래교육이라고 하는지, 교육의 본질은 무엇인지, 메이커교육을 하면 학생들에게 어떤 유익이 있는지 생각해보았습니다. 메이커교육을 통해 우리가 배우게 되는 것은 자기 주도적인 학습과 문제 해결력, 협업 능력입니다.

처음에는 메이커교육에 필요한 기자재를 갖추고 싶었습니다. 기계를 사용하면 학생들이 감탄할 만한 작품이 만들어지고 학생들이 성취감을 맛볼 수 있을 것 같았습니다. 교육부에 신청해서 지원을 받는 방법도 있었지만 제가 다른 학교로 가게 되면 공들여 준비한 공간과 기자재는 무용지물이 될 수 있고 이것은 또 다른 낭비가 됩니다. 그리고 학생들은 기자재의 사용법을 익히는 데 시간을 사용해야 합니다. 시간이 정해져 있는 교육과정에서 툴(Tool)을 익히는 데 많은 에너지를 사용하면, 우리가 메이커교육을 통해 궁극적으로 얻고자 하는 것을 배우기 전에 지치게 될 수 있습니다.

일단 메이커교육을 시작했습니다. 창의력은 제한적인 환경과 만날 때 더욱 발휘될 수 있으므로 흔히 접하는 도구를 사용하여 학생들의 역량을 끌어낼 수 있다고 생각했습니다. 수업 시간에 학생들과 함께 프로세스를 하나하나 밟아가며 만들었습니다. 여러 모형을 시도하며 제 나름의 수업 방법도 찾게 되었습니다.

2021년에는 코로나 팬데믹으로 인해 온라인과 오프라인의 수업이 병행되었습니다. 온라인 수업의 장점과 오프라인 수업의 유익을 함께 배우는 시간이었습니다. 온라인으로 수업하면서 각자 자료를 조사하고 협업을 통해 정리하고 기록했습니다. 또한 대면 수업으로 친구들과 이야기하며 아이디어를 보완하고 작품을 제작했습니다.

그러면서 기존 메이커교육 모형에 보완이 필요함을 느꼈습니다. 학생들은 아이디어를 도출하는 과정을 무척 힘들어했습니다. 자연스럽게 아이디어를 낼 수 있는 방법적인 면에 개선이 필요하다고 판단되어 새로운 방식을 제시하고 적용했습니다. 그 결과 메이커교육이 정규교육과 조화를 이루면서 조금씩 더 자연스러운 형태로 정착하게 되었습니다. 질문에서 연상된 무엇인가를 만들려고 억지로 노력하는 것이 아니라 일상에서 깊이 관찰하고 생각하는 공부 방식으로 자리를 잡아 갔습니다.

지역 또는 다양한 교육기관에서 운영하는 메이커교육 프로그램에 참여하는 학생들은 자발적으로 선택했기에 무언가 만드는 것에 흥미가 있습니다. 하지만 우리의 교실은 그렇지 않습니다. 만드는 것을 좋아하는 학생이 있는 반면 자료조사 또는 설계를 좋아하는 학생도 있습니다. 무언가 만드는 것을 좋아하지 않는 학생도 어쩔 수 없이 수업에 참여해야 합니다. 만드는 것에만 집중되는 교육은 다른 것에 흥미 있는 학생들을 소외시킬 수 있습니다. 각자의 재능이 발휘되도록 돕는 교육이 되어야 합니다.

교사는 모든 학생을 활동에 적극적으로 참여시켜야 하는 부담감이 큽니다. 그러나 문제 해결력 중심으로 우리 교육을 다시 한번 되짚어 보면 어렵지 않게 메이커교육을 실행할 수 있습니다.

메이커교육은 학생들에게 의미 있는 배움이 일어나도록 도와주는 교육 방법의 하나입니다. 무엇보다 중요한 것은 학생들이 실패했을 때 중요한 것을 배웠다고 격려하고 스스로 답을 찾도록 도와주고 기다려 주는 마음입니다. 메이커교육을 통해 학생들을 능동적인 학습자로 만들어 생각을 키워 주고 수업을 보다 의미 있게 할 수 있습니다.

모든 학생이 다양한 분야에서 재능을 발휘하는 교육이 메이커교육이라고 생각하기에 더 열심히 하게 되었습니다. 학생들이 학교에 즐거운 마음으로 오면 좋겠습니다. 특정 교과목을 못 하는 학생도 교실에서 웃으면서 수업한다면 바랄 게 없습니다.

이 책에서 제시한 메이커교육 모형과 사례는 저의 박사학위 논문 중 일부를 수정·보완하여 설명했습니다. 메이커교육을 통해 학생들이 즐겁게 공부하고 사회를 바라보는 안목이 생긴다면 그것이 교사에게는 큰 기쁨이라 생각합니다. 이 책이 메이커교육을 실행할 때 작은 도움이 되기를 기대합니다.

목차

Part 1

2015 개정 교육과정의 특징

Part 2

메이커교육의 정의와 특징

Part 3

메이커교육의 모형

Part 4

TBMSI 메이커교육의 실천

Part 5

TBMSI 메이커교육의 효과

Part 1

2015 개정 교육과정의 특징

미래인재 육성을 위해
세계 각국의 교육 연구기관에서는
역량 중심 교육으로의 패러다임 전환을
강조하고 있습니다.
이는 미래 사회의 비정형성, 불확실성에
효과적으로 대처하기 위해서입니다.

Part 1에서는
2015 개정 교육과정의
특징을 살펴보겠습니다.

01

2015 개정 교육과정의 핵심역량

교육적 행위는 본질적으로 사회적이며, 공공(公共)에 우선하고 조직적인 특성이 있습니다. 교육은 사회의 변화에 따라 자연적으로 변할 수밖에 없는 특성이 있으므로 교육이 변화되면 사회도 변화합니다. 학교교육에서도 사회 변화와 그에 따른 필요성에 따라 2015년에 교육과정을 개정했습니다.

2015년 개정 교육과정은 초·중등교육법 제23조 2항에 따라 고시한 것으로, 초·중등학교의 교육 목적과 교육 목표 달성, 편성 운영에 대한 학교 교육과정의 공통적, 일반적인 기준을 제시했습니다(교육부, 2015).

2015 개정 교육과정 총론을 보면 5가지를 기술해 놓았습니다.

❶ 국가 수준의 공통성과 지역, 학교, 개인 수준의 다양성을 동시에 추구한다.

❷ 학습자의 자율성과 창의성을 신장하기 위한 학생 중심의 교육과정이다.

❸ 학교와 교육청, 지역 사회, 교원, 학생, 학부모가 함께 실현해 가는 교육과정이다.

❹ 학교 교육 체제를 교육과정 중심으로 구현한다.

❺ 학교 교육의 질적 수준을 관리하고 개선하기 위한 교육과정이다.

교육 이념과 목적을 바탕으로 교육과정에서 추구하는 인간상은 다음과 같습니다.

❶ 전인적 성장을 바탕으로 자아 정체성을 확립하고 자신의 진로와 삶을 개척하는 자주적인 사람

❷ 기초 능력의 바탕 위에 다양한 발상과 도전으로 새로운 것을 창출하는 창의적인 사람

❸ 문화적 소양과 다원적 가치에 대한 이해를 바탕으로 인류 문화를 향유하고 발전시키는 교양 있는 사람

❹ 공동체 의식을 가지고 세계와 소통하는 민주 시민으로서 배려와 나눔을 실천하는 더불어 사는 사람

2015 개정 교육과정 총론에서는 교육과정이 추구하는 교육 이념과 인간상을 구현하는 데 있어 '교과교육을 포함한 학교 교육 전 과정을 통해 중점적으로 기르고자 하는 핵심역량'을 처음 제시했습니다(김경자 외, 2015).

핵심역량은 모든 학습자가 길러야 하는 기본적이고, 필수적이며, 보편적인 능력으로 사회공동체 구성원으로 해야 할 역할을 성공적으로 수행하기 위해 학습자에게 요구되는 지식, 기능, 태도의 총체를 말합니다(교육과정 총론, 2015).

2015 개정 교육과정의 핵심역량(교육부, 2015)

핵심역량	정의
자기관리 역량	자아정체성과 자신감을 가지고 자신의 삶과 진로에 필요한 기초 능력과 자질을 갖추어 자기 주도적으로 살아갈 수 있는 역량
지식정보 처리 역량	문제를 합리적으로 해결하기 위하여 다양한 영역의 지식과 정보를 처리하고 활용할 수 있는 역량
창의적 사고 역량	폭넓은 기초 지식을 바탕으로 다양한 전문 분야의 지식, 기술, 경험을 융합적으로 활용하여 새로운 것을 창출하는 역량
심미적 감성 역량	인간에 대한 공감적 이해와 문화적 감수성을 바탕으로 삶의 의미와 가치를 발견하고 향유하는 역량

의사소통 역량	다양한 상황에서 자신의 생각과 감정을 효과적으로 표현하고 다른 사람의 의견을 경청하며 존중하는 역량
공동체 역량	지역·국가·세계 공동체의 구성원에게 요구되는 가치와 태도를 가지고 공동체 발전에 적극적으로 참여하는 역량

2015 교육과정 총론에서 제시한 핵심역량을 구체적으로 살펴보면, 자기관리 역량, 지식정보 처리 역량, 창의적 사고 역량, 심미적 감성 역량, 의사소통 역량 그리고 공동체 역량입니다.

핵심역량 중심 교육은 기존의 지식 중심의 교육과정과 다르게 '핵심역량'을 교육과정 설계의 주축으로 삼고 있습니다. 학교 교육을 통해 배우는 것들이 학습자가 직면하는 다양한 문제를 해결할 수 있는 능력을 길러주고, 실제 삶에 부합되는 실천적인 교육을 말합니다.

02

'배움을 즐기는' 교육으로의 패러다임 전환

핵심역량 중심 교육은 지식의 축적이 아니라 지식의 활용을 중요시합니다. 교과의 지식이 학습자의 삶과 괴리되었다는 기존의 교육과정 비판에서 시도된 미래형 교육과정입니다.

이것은 공교육 정상화와 미래 사회에 대비하는 인재 육성의 필요성이 절실하여 역량 중심 교육과정을 도입한 것입니다. 역량 중심 교육과정을 도입한 이유는 기존의 '지식을 암기'하는 교육에서 '배움을 즐기는' 교육으로의 패러다임 전환이 필요한 시점이기 때문입니다.

학교에서 이루어지는 교육 활동의 중심에는 수업이 있습니다. 수업은 계획된 교육과정으로 교실이라는 공간 안에서 구체적으로 실현되는 실천이자 실제입니다.

그동안 수업은 가르치는 교사의 행위와 배우는 학생의 행위로 구성되었습니다. 그러나 이제 우리 교육은 '교사가 무엇을 가르칠 것인가'에서 '학생이 무엇을 할 수 있을까'로 전환되고 있습니다. 학생 주도 수업을 통해 학습의 흥미와 동기를 높여 배움의 즐거움을 경험하게 함으로써 행복한 교육을 구현합니다.

이것은 메이커교육에서 추구하는 목표와 맥락이 일치합니다. 또한 메이커교육은 2015 개정 교육과정에서 강조하는 과정 중심의 평가와 다르지 않습니다.

메이커교육에서는 수준 높은 작품을 생산하여 제출하는 것보다 작품이 나오기까지 학생들이 사고(思考)하고, 참여하는 태도, 아이디어를 끌어내는 과정을 더 가치 있게 봅니다. 즉 아이디어를 구체화하기 위해 무언가를 제작하고 개선점을 찾아 수정하고 도전하고 실패를 경험하면서 성장하는 과정에 주안점을 둡니다.

Part 2

메이커교육의 정의와 특징

메이커교육은

새로운 아이디어를 창출하는 것에

그치는 것이 아니라

만드는 과정을 통해

다양한 분야를 통합적으로

학습하는 것에 목표를 두고 있습니다.

Part 2에서는 학자들과 선생님들이 제시한

메이커교육의 정의와 특징을

살펴보겠습니다.

03

메이커교육이란?

메이커교육(Maker education)이란 메이커 스페이스에서 학습의 주도권을 가진 학생이 자신의 삶 속에서 개인적 혹은 마주하는 사회적 문제를 해결하고자 학생 스스로 필요한 정보와 지식 등을 습득하면서 시각적인 결과물을 창조하는 교육입니다.

메이커(Maker)는 취미 생활로 목공, 뜨개질, 전자기기 조작 등 오래 전부터 활동하는 것에서부터 생겨났습니다. 2005년에 창간된 DIY 잡지 〈메이크(MAKE)〉에서 용어가 처음 사용되었습니다(Martin, 2015).

세계적으로 메이커에 대한 정의는 다양합니다.

칼릴(Kalil, 2013)은 메이커를 '본능적으로 문제를 발견하고 고민하며 해결하고 그 과정에서 배운 것들을 공유하는 데 보람을 느끼기에 스스로 시간을 투자하며 무엇인가를 고안하고 만들어내는 사람'이라고 정의했습니다.

딕슨과 마틴(Dixon & Martin, 2014)은 '메이커가 되는 것은 무언가를 만들며 창의적으로 되고, 재미를 느끼며 문제를 해결하면서 사교적으로 되며 무엇인가를 배운다는 것을 의미한다.'라고 이야기했습니다. 그리고 만드는 과정에서 발현되는 창의성과 흥미를 메이커 의미 진화의 중요한 요소로 손꼽았습니다. 특히 흥미를 본인의 생각을 구현하는 것으로 한정하지 않고 어떠한 문제와 맞닿았을 때 이것을 풀기 위해 고민하며 도전하는 것에 흥미를 느끼는 사람들이라고 표현했습니다.

다양한 메이커의 정의와 특징을 토대로 연구한 '메이커 운동 활성화 방안 연구(한국과학창의재단, 2016)'에 따르면, 메이커란 '상상력, 창의력을 바탕으로 스스로 제품을 구상하고 조립·개발하는 사람 또는 단체'이며, 더 나아가 '기술의 발달과 공유 문화를 통해 활용이 편리해진 기술을 응용하여 개개인의 아이디어를 바탕으로 만들기 활동을 하는 대중'을 지칭한다고 밝히고 있습니다. 이는 위에서 언급한 과학기술, 창의성과 흥미, 공유와 협업 등 메이커의 모든 특징을 아우르고 있는 정의를 내린 것입니다.

다음은 여러 학자가 제시한 메이커에 대한 정의를 살펴보겠습니다.

메이커에 대한 다양한 정의

연구	메이커에 대한 정의
MAKE magazine (2005)	DIY의 활용에 발전된 기술들을 적용하여 만들기를 하는 사람들로, 일상의 물품들을 활용해 다양한 프로젝트를 수행함
맥페드리즈 (McFedries) (2007)	첨단 기술을 이용하여 물품들을 분해하고, 또 다른 유용하고 흥미로운 작업을 수행하도록 수정하여 다시 조립하는 사람
이승철, 이샛별, 김태영(2017)	다양한 도구를 사용한 창의적인 만들기를 통하여 자신의 아이디어를 실현하는 사람. 함께 만들어내는 활동에 적극적으로 참여하고, 만든 결과물과 만들기 과정에서 습득한 지식과 경험 등을 공유하는 사람들
김권수, 박정호 (2018)	단순히 만들기 활동을 하는 것을 넘어서서 생활 속의 다양한 재료를 활용해 문제를 해결하기 위한 문제 해결자로 창의적인 창작 활동을 하는 사람
데이비드 랭 (David Lang) (2013)	물리적인 방식으로 자신들의 세계에 영향을 미치며 변화를 초래하는 모든 사람
칼릴(Kalil) (2013)	본능적으로 무언가를 만들고 고민하여 문제를 해결하고, 새로운 방향과 방법을 발견하며, 이를 통하여 배운 바를 공유하는 것에 가치를 느끼므로 자발적으로 제품을 구상하고 개발하는 모든 사람

마크 해치 (Mark Hatch) (2014)	공예가, 발명가, 기술자 등의 기존 제작자 카테고리에 매이지 않으면서 손쉬워진 기술들을 응용하여 폭넓은 만들기를 하는 대중들
할버슨, 셰리단 (Halverson & Sheridan) (2014)	일상생활에서 창의적 물품들을 개발하며, 다른 사람과 자신의 창작품 또는 개발과정을 공유하고자 하는 사람들
딕슨, 마틴 (Dixon & Martin) (2014)	제품을 만들면서 당면한 문제를 해결하는데 창의적이며 흥미를 느끼고, 끊임없이 배우고자 하며 사교적이면서 사람들과 협력하고자 하는 단체 또는 사람
포스터 외 (Foster et al.) (2015)	장난감과 같은 첨단 기술들이 집약된 제품 만들기를 즐기는 단체들
밍지, 용취, 핑 (Mingjie, Yongqu & Ping)(2016)	다양한 제품들을 구상하고 개발하여 아이디어를 실제 제품으로 만들어내고, 자신들의 경험을 공유하고 상호 작용하는 대중
한국과학창의재단 (2016)	창의력, 상상력을 바탕으로 스스로 제품들을 구상하고 조립하고 개발하는 사람 또는 단체

맥페드리즈(2007), 데이비드 랭(2013), 도허티(2013) 그리고 포스터 외(2015)의 학자들은 공통으로 물리적인 방식인 과학기술, 컴퓨터와 첨단 기술 등을 활용한 생산물의 제작에 있어 발전된 디지털 기술과 도구적 측면을 강조하는 메이커의 정의를 내리고 있습니다.

반면에 마크 해치(2014), 한국과학창의재단(2016)의 메이커 정의는 기존 제작자 범주를 벗어나 창의력과 상상력을 발휘하여 생산물인 작품을 만드는 주체로서의 특성을 강조합니다.

또한 할버슨, 셰리단(2014), 칼릴(2013), 밍지, 용취 그리고 핑(2016)은 창의적인 문제 해결을 통한 작품의 제작과 더불어 메이킹 활동에 참여하는 또 다른 작업을 하는 메이커들과의 공유와 협업을 강조하고 있습니다.

04

메이커교육의 학습, 교육적 가치

메이커 운동은 처음부터 학습과 교육에 초점을 둔 것은 아닙니다. 매해 거듭되는 Maker Fair와 도서관, 미술관, 박물관 등 지역 사회에서의 메이커 프로그램에서 만들기에 대한 교육적 가치를 발견하게 되었습니다. 메이커 운동은 창의성, 혁신, 흥미를 불러일으키는 잠재성을 가지고 있어 최근 교육 분야에 많이 논의되고 있습니다(Martinez & Stager, 2013).

많은 학자는 메이커교육의 철학적 뿌리를 구성주의에서 찾습니다. 구성주의는 객관주의에 대한 대안적인 인식론을 제공합니다(Duffy & Jonassen, 1992).

지식의 구성과 습득은 개인의 인지구조를 재구성해가는 과정이며, 지식의 습득은 개인이 속한 사회의 구성원들 간의 상호작용을 통해 이루어진다고 봅니다(강인애, 1998; Fosnot & Perry, 1996).

구성주의는 각 개인의 경험을 토대로 형성된 이해를 바탕으로 지식과 학습에 있어서 인지적인 주체로 개인의 역할이 강조되는 학습 과정이며 지식의 습득과 형성에 관한 이론입니다.

구성주의에서의 개인은 본인만의 독특한 경험을 바탕으로 세계에 대해 주관적인 이해 및 해석을 하며 의미 있는 지식을 구성해 나갑니다. 그러므로 인지적 주체로서 개인의 역할을 강조합니다(강인애, 1998; Fosnot & Perry, 1996).

또한 지식을 고정된 것이 아니라 지식의 형성에 맥락적, 상황적 관여가 이루어진다고 봅니다. 구체적 맥락과 상황에 따라 학습자는 본인만의 의미를 찾고 지식을 형성해 나갑니다. 구성주의 수업의 강점은 진리의 발견이나 발굴이 아니라 의미를 만들어가는 데 있습니다(Maxine Greene, 2005).

이처럼 현대의 교육 패러다임인 구성주의는 학습자 스스로 의미를 찾아가며 삶의 경험들과 연결될 때 그 의미를 획득할 수 있습니다.

페이퍼트(Papert)는 구성주의 교육 접근법으로 듀이가 주장한 실천을 통한 학습(Learning by Doing), 즉 학습자가 직접 무엇인가를 수행하는 활동으로써의 학습을 강조하면서, 학습의 결과로 의미 있는 산출물을 만들어낼 때 가장 효과적인 학습이 이루어진다고 했습니다(Papert & Harel, 1991). 그리고 단지 행동함으로써 배우는 것이 아니라 창의적 프로세스와 생산된 산출물은 사회적으로 공유되고 자신이 제작한 산출물을 통해 타인과 소통한다고 주장했습니다.

메이커교육은 현재 형식교육과 비형식교육에 널리 적용되고, 다양한 교육적 가치가 있습니다. 메이커교육은 창조적인 산출물을 만들어내는 고차원적인 활동입니다. 문화, 예술, 인문학, 공학 등 다양한 분야의 지식을 다루며, 미래 핵심역량과 관련된 교육적 가치를 가집니다.

학습자는 스스로 해결할 문제를 정하고 관련된 자료를 수집하며 도구와 장비를 활용하여 문제를 해결해 나갑니다. 이를 통해 자기 주도적 학습 능력, 자신감 향상, 탐구 정신, 창의성, 비판적 사고력 등을 기를 수 있습니다.

그리고 커뮤니티에 참여하여 다른 사람과 협력하여 문제를 해결하고, 자신의 지식과 경험을 공유하는 활동을 통해 의사소통력, 협력, 대인관계 능력 등을 함양합니다. 또 다양한 도구와 장비를 활용하는 능력과 기술적 소양을 증진합니다.

05

메이커교육의 특징과 보완해야 할 것

메이커교육의 특징을 살펴보겠습니다.

❶ 다양한 재료, 도구, 장비를 활용하여 문제를 해결합니다

학생들은 자신의 수준에 적합한 재료, 도구, 장비를 선정하여, 팅커링 또는 놀이 활동을 통해 각종 도구에 익숙해집니다. 이때 동료나 교사가 활용하는 도구나 장비의 사용을 관찰하면서 배우기도 하고, 각종 커뮤니티로부터 설명이나 동영상 등을 보며 스스로 학습합니다. 재료, 도구, 장비에 익숙해지는 것은 메이커의 메이킹 활동을 촉진하고 안전한 메이킹을 가능하게 합니다.

❷ 메이커교육은 실패의 경험을 통해 학습합니다

학생들은 다양한 재료, 도구, 장비를 활용하기 때문에 많은 시행착오를 거칩니다. 이때 시행착오와 실패의 원인을 분석하고 문제를 해결함으로써 메이킹에 성공합니다. 그러므로 실패를 통해서 배울 수 있도록 충분한 시간과 자원이 제공되어야 합니다. 만약 메이커들이 실패를 경험했다면 동료, 교사, 커뮤니티로부터 지속적이고 구체적인 피드백을 얻고, 긍정적인 지원을 받으면서 문제를 해결하게 도움을 주어야 합니다.

❸ 메이커들은 자신의 활동을 기록하면서 성찰하고 지식을 공유합니다

학생들은 학습 과정과 결과를 기록하면서 문제의 원인은 무엇인지, 문제를 해결하기 위해서는 어떤 자원이 필요한지 분석하여 성공으로 나아가는 지식을 축적합니다. 이렇게 축적된 지식은 자신이 속한 내·외부 커뮤니티에 공유되어 다른 사람의 메이킹 활동에 긍정적인 영향을 제공합니다. 따라서 메이커교육에서는 기존 교육 활동보다 주체로서 학습자의 역할을 강조하고 있습니다.

다음은 우리나라의 메이커교육 연구에서 학자들과 선생님들이 표현한 메이커교육의 특징입니다.

- 공감하면서 인간의 전반적인 제반 문제를 다루고, 협업을 통해 가시적으로 문제 해결이 이루어지며, 다른 분야 간의 소통이 중요시되므로 인지적이고 감성적이며 사회적 실천 교육이다.
- 구성주의 인식론을 바탕으로 실제 삶의 문제를 학습자의 의도에 따라 '구체적인 사물'로 제작함으로써 해결해 나가는 교육이다.
- 메이커교육과 디자인 교육의 공통점은 학생들의 삶과 연결된 학습 문제를 제시하고, 활동의 결과물을 시각화하는 과정을 거치며 다학제적 학습을 근간으로 한다.
- 작품의 결과물에 국한되는 것이 아니라 제작 과정에서 경험하게 되는 주체적인 학습 태도, 실제적 문제 해결을 위해 동료 학습자와의 협력적 관계를 형성하고 자신이 가진 정보와 지식을 공유하며 배워 나가는 과정에 초점이 있다.

이처럼 메이커교육은 문제 해결 중심의 미래교육임을 확인할 수 있습니다. 그러나 보완해야 할 부분도 염두에 두어야 합니다.

- 교과 이론과 분리되어 지나치게 긴 시간 동안 만들기 활동에 집중되어 있으므로 학교 교육과정에 적용하기에는 현실적으로 어려운 점이 있다.
- 기존 만들기 교육의 효과인 인지, 감성, 체험 측면을 넘어서지 못

했다.

- 타인과 사회를 위한 행동의 변화와 참여를 유도하는 실천적 측면의 효과가 제한적이다.
- 문제의 해결에 중점을 두는 것보다는 첨단 도구와 컴퓨터 프로그램을 활용하여 '잘' 만드는 툴(Tool) 교육 활동에 집중되어 있다.
- 환경에 따른 메이커 스페이스의 부재로 이를 대체하기 위한 만들기 도구와 재료를 담은 메이커 박스(Box)나 메이커 카트(Cart) 등이 있어야 메이커교육을 진행할 수 있다.

이처럼 메이커교육의 우수성은 알고 있으나, 여러 가지 한계점으로 인해 메이커교육이 방과 후 또는 학교 밖을 중심으로 전개됩니다. 그러나 정규교육에서 교육할 수 있도록 보완한다면 기존의 주입식 교육과 달리 학생 스스로 학습 주체가 되어 주제를 정하고, 정보를 검색하고, 문제를 해결하는 학습자 중심 교육이 될 수 있습니다.

Part 3

메이커교육의 모형

메이커교육은 다양한 모형이 있습니다.
목적에 따른 메이커교육을 실현하기 위해서는
그에 맞는 교육 모형이 필요합니다.

part 3에서는 TMI 모형, uTEC 모형,
디자인 씽킹, TMSI 모형
그리고 TBMSI 모형을 중심으로
그 특징을 살펴보겠습니다.

06

TMI 모형

가장 먼저 개발된 모형은 TMI입니다. 생각하기(Thinking) → 만들기(Making) → 개선하기(Improving)의 총 3단계 과정으로 구성되며(Martinez & Stager, 2013) 가장 일반적인 모형입니다.

TMI 모형은 말하기보다 실행을 중시하여 체험적인 활동을 강조합니다.

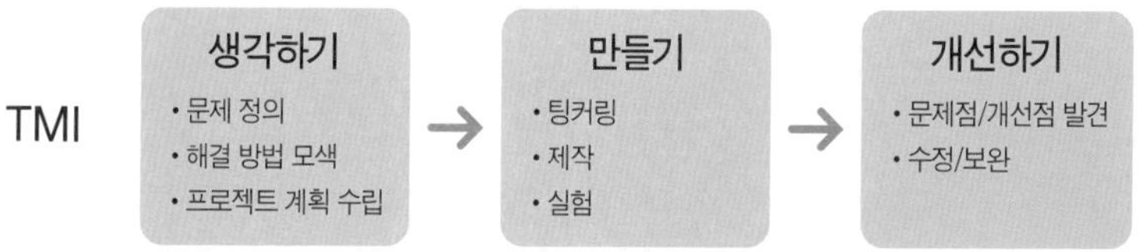

마르티네즈, 스테이저(Martinez & Stager, 2013)의 TMI 모형

❶ 생각하기

무엇을 만들지 계획하는 단계입니다.

학습자 스스로 생각하고 탐구하여 문제를 정의하며, 해결방안을 모색하고 프로젝트의 진행 계획을 세웁니다.

❷ 만들기

학습자가 스스로 세운 목적에 따른 결과물 산출을 위해 팅커링, 제작, 실험 등의 체험적인 활동이 반복됩니다.

❸ 개선하기

결과물을 개선하기 위해 문제점이나 개선할 점을 찾습니다. 이를 수정하고 보완하기 위해 탐구, 실험, 제작 활동을 반복합니다.

TMI 모형은 PBL(Project Based Learning)을 토대로 합니다.

메이커 활동을 비교적 쉽게 체험할 수 있도록 간단하게 구성한 것이 특징입니다.

07

uTEC 모형

로어처 외(Loertscher et al., 2013)는 메이커 초보자가 점차 전문가로 발전하도록 쉽게 구성한 uTEC 모형을 제시했습니다.

이 모형은 학습자가 자기 주도적 활동을 하면서 메이커 활동에 몰입할 수 있도록 팅커링 단계를 구성했다는 특징이 있습니다.

uTEC 모형은 사용하기(Using) → 팅커링(Tinkering) → 실험하기(Experimenting) → 창작하기(Creating)의 총 4단계로 이루어집니다.

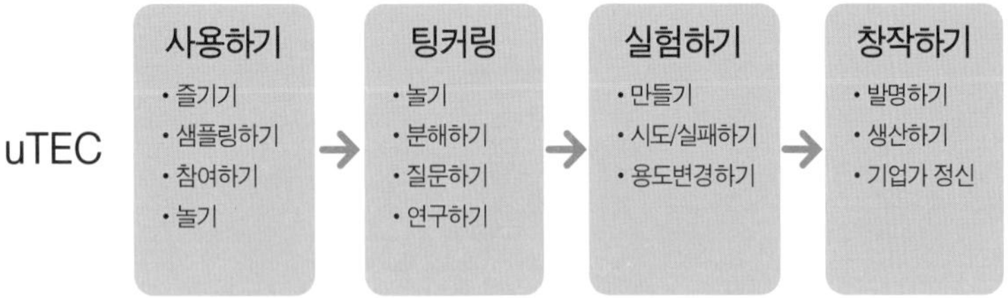

로어처 외(Loertscher et al., 2013)의 uTEC 모형

❶ 사용하기

처음 메이커 활동을 접하는 이들이 다른 메이커들의 표본인 결과물을 살펴보거나 게임 또는 간단한 활동을 하면서, 가볍게 메이커 활동을 즐기면서 친숙해지도록 합니다.

❷ 팅커링

기존의 제품을 해체하고 재조립하면서 학습자의 호기심을 유발하고 재미를 느끼는 것이 주목적입니다.

질문하는 과정에서 정보, 개념, 원리, 지식 등을 탐구하는 학습이 이루어집니다.

❸ 실험하기

다른 사람이 만든 기존의 제품에서 벗어나 자신이 원하는 새로운 것을 만듭니다.

이 과정에서 반복적인 실험과 수정을 거치면서 실패를 극복하고 끊임없이 도전합니다.

성공을 경험하면서 메이커 정신의 함양이 이루어집니다.

❹ 창작하기

학습자가 메이커 활동에 능숙해진 전문가로서 창의적이고 혁신적인 활동을 실천합니다.

그뿐만 아니라 더 나아가 실제 시장에서 실행하고 적용해 보는 기업가적인 활동도 가능하게 됩니다.

그러나 메이커 운동에서 강조하는 공유가 잘 드러나지 않을 수도 있습니다. 전문적인 메이커로 성장하는 과정에서 이루어지는 사회적 스캐폴딩의 영향을 보완할 필요가 있어 보이기도 합니다.

이처럼 uTEC 모형은 메이커가 발전해 나가는 단계에 따라 활동을 심화시키는 특징이 있습니다.

08

디자인 씽킹

디자인 씽킹은 공감을 통한 통찰력으로 주어진 문제를 인간 중심적으로 접근하며 직관적, 감성적 사고와 분석적, 이성적 사고의 조화로운 균형을 추구하는 융합적인 사고 방법입니다.

디자인 씽킹 프로세스의 대표적인 사례로 꼽히는 스탠퍼드 대학의 디스쿨(d. school)은 2003년 IDEO의 켈리(Kelly)와 캠벨(Kemble)을 중심으로 스탠퍼드 대학 직원, 지역 디자이너들이 합심하여 만든 교육 프로젝트입니다.

독일의 하소 플랫너(Hasso Plattner)의 재정지원을 받아 설립된 디스쿨은 디자인을 전공하지 않은 비전공자들도 수강할 수 있으며 창의·혁신적 사고를 하는 교육의 장으로 대표됩니다.

디자인 씽킹 프로세스를 실천하기 위한 5가지 단계로 공감하기(Empathize) → 문제 정의(Define) → 아이디어 도출(Ideate) → 프로토타입(Prototype) → 테스트(Test)로 구성됩니다.

디자인 씽킹 프로세스는 각기 다른 재능과 능력을 지닌 사람들에 의해 다양한 접근법과 그에 맞는 수준에서 실행됩니다.

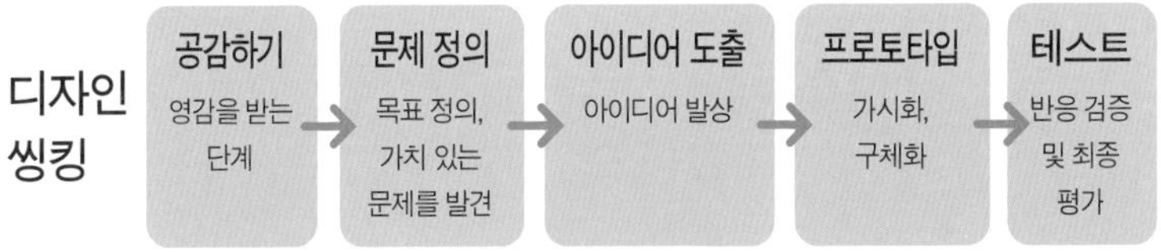

디자인 씽킹 모형

❶ 공감하기

사용자들에 대한 이해, 마음으로 하는 공감, 관찰, 발견하는 단계입니다. 사람들에게 당면한 문제들을 함께 공감하고 이를 바탕으로 관찰하고 이해하는 것부터 시작합니다.

❷ 문제 정의

공감하기를 기반으로 프로젝트 또는 비즈니스 목표 정의, 가치 있는 문제를 발견하는 단계입니다.

❸ 아이디어 도출

문제 해결을 위해 아이디어를 찾는 과정입니다. 주요 활동으로 브레인스토밍, 워크숍, 마인드맵 제작 등이 있습니다.

❹ 프로토타입

도출된 아이디어나 개념을 빠르게 만들어 가시화하여 최적의 해결책을 찾고자 하는 데 목적이 있습니다.

❺ 테스트

고객들의 반응 검증 및 의사결정, 최종 평가, 프로토타입을 개선하는 단계입니다.

디자인 씽킹은 제시된 문제를 창조적으로 해결함으로써 혁신적인 디자인을 가능하게 하는 사고의 과정과 방법을 제시했습니다.

필자가 고등학교 학생에게 적용한 결과, 학생들은 기존의 수업과는 다른 수업 진행에 매우 높은 관심과 흥미를 보였습니다. 그러나 확산과 수렴의 반복적인 활동과 프로토타입을 제작하기까지 과정이 길어 후반

부로 갈수록 학생들이 힘들어했습니다. 또한, 첫 단계부터 '공감하기'가 진행되므로 '공감은 어렵고 부담스럽다'라고 표현했습니다.

자연스럽게 공감의 단계로 진입하도록 수업모형의 보완이 필요하고, 나이가 어린 학생들을 대상으로 수업에 적용할 경우에는 단계를 함축적으로 줄여 진행한다면 더 좋은 수업이 될 수 있습니다.

09

TMSI 모형

황중원 외(2016)는 TMI 모형과 uTEC 모형의 아쉬운 점을 보완하기 위해 TMI 모형의 '만들기'와 '개선하기' 그리고 uTEC 모형의 '팅커링'을 조합하고, 거기에 '공유하기'를 추가하여 TMSI 모형을 제시했습니다.

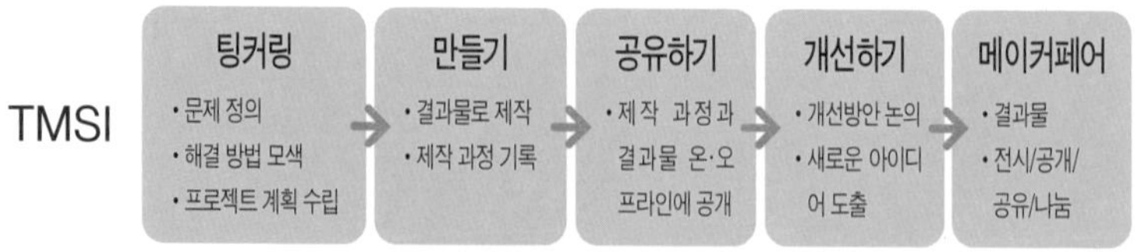

황중원 외(2016)의 TMSI 모형

TMSI 모형은 팅커링(Tinkering) → 만들기(Making) → 공유하기

(Sharing) → 개선하기(Improving)의 총 4단계로 이루어져 있습니다.

❶ 팅커링

학습자가 여러 가지 재료를 탐색하는 단계입니다. uTEC 모형의 '팅커링' 단계와 마찬가지로 기존의 제품을 해체하거나 재조립하면서 재미를 느끼고 메이커 활동과 친숙해지면서 다른 메이커 활동의 동기를 가질 수 있게 합니다.

❷ 만들기

메이커 활동에 어느 정도 익숙해진 학습자들이 목표를 세우고 계획하여 이를 구현하는 본격적인 제작 활동이 이루어지는 단계입니다.

제작하는 과정을 사진, 글, 동영상 등 여러 방법과 매체를 활용하여 기록하는 활동도 함께 이루어집니다. 이것은 자기 결과물과 그 결과물을 만드는 과정을 다른 사람들과 공유하기 위한 수단을 넘어 개인의 활동 과정을 성찰해 볼 수 있는 기회를 제공합니다.

만약 만드는 과정에서 실패를 경험했다면, 기록을 통하여 무엇을 실수했는지 다시 그 과정을 되짚어 보면서 시도하지 않았던 새로운 방법을 탐색하고 도전할 수 있게 되고, 새로운 프로젝트를 위한 아이디어를 얻을 수 있습니다.

❸ 공유하기

메이커 운동이 강조하는 공유의 정신을 반영한 단계입니다.

Maker Fair의 형태로 오프라인에서 이루어지기도 하지만 온라인을 통해 비슷한 관심이 있는 사람들과도 결과물과 그 제작 과정을 나눌 수 있습니다.

이 단계에서는 다른 사람들의 의견과 피드백을 얻을 수 있으며, 타인과의 지식 및 정보 공유를 통해 더 정교한 결과물을 위한 새로운 방안을 생각하게 될 뿐만 아니라, 또 다른 학습으로 이어지게 됩니다.

❹ 개선하기

자신의 제작 과정을 되돌아보고 결과물을 발전시키기 위한 아이디어를 도출합니다. '만들기' 단계로 다시 돌아가면서 메이커 활동이 순환됩니다.

TMSI 모형의 핵심적인 특징은 메이커 정신에서 강조하는 '공유'를 별도의 활동 단계로 구성했다는 점입니다.

초등학생을 대상으로 메이커 수업을 한 사례를 확인한 결과, 학생들이 친구들에게 제작 과정과 결과물을 발표하고 피드백을 받거나 서로 네이버 밴드에 가입한 후 밴드 안에서 또 한 번 결과물을 업로드하는 형태로 공유하는 활동이 이루어졌습니다(강인애, 김명기, 2017).

고등학생을 대상으로 메이커 스페이스 만들기 프로젝트를 적용한 수업에서는 학생들이 친구들에게 자신의 메이커 스페이스를 발표하고 페이스북(Facebook)에 업로드하는 형태로 공유하는 활동이 이루어졌습니다(강인애, 김홍순, 2017).

10

TBMSI 모형

TBMSI 모형은, TMSI 모형의 '만들기' 활동 과정에서 학생들의 가치관 변화에 대해 진단하고 고찰해 보는 시간을 가져야 함을 느껴 '만들기' 단계 전에서 교육적 효과를 높이는 방안에 주목하여 만들어진 프로그램입니다.

필자는 고등학생들과 다양한 메이커교육 모형을 수업에 적용했으나 어떻게 아이디어를 도출해야 하는지 힘들어하는 모습을 보았습니다.

작품을 제작하기 위해서는 무엇을, 어떻게, 왜 만들어야 하는지 사고의 과정이 필요합니다.

맥신 그린(Maxine Greene)의 심미 교육 '상상력 학습'의 4단계 중 '관찰과 질문, 사실적 정보 수집, 창작'의 단계를 응용했습니다.

상상력 학습

맥신 그린(Maxine Greene)은 풍부한 인문학적, 교육철학적인 배경을 바탕으로 예술을 중심으로 간학문적인 교육 방법론을 제안했으며, 그것은 상상력 학습이라는 이름으로 불리고 미적 체험 교육의 방식으로 자리 잡게 되었다. 미적 체험 교육(Aesthetic learning)으로 조금 더 잘 알려진 '상상력 학습'은 예술 교육에서 작품이나 공연 등을 기반으로 하여 작품과 깊은 성찰적 조우의 경험을 통한 학습을 강조한다. 학습자들은 '마치 ~처럼'의 상상력과 가정을 하면서, 작품의 감상과 이해 및 직접적인 창작의 참여 등을 통해 인식과 감성의 '널리 깨어 있음(Wide-Awakeness)' 곧 인식과 감성의 민감함과 예민함을 지니게 됨으로써, 지금껏 봐 왔던 것과는 다른 방법으로 대상을 이해하고, 나아가 주변 일상 사물에 대해서도 이전과는 다른 '낯설게 보기(Defamiliarize)', 새롭게 보기를 시도하게 된다(Maxine Greene, 1995)고 하였다.

상상력 학습은 '내가 만약에 ~라면'의 학습 과정을 거치면서 '일상의 무기력 상태'에서 벗어나 '널리 깨어 있음'의 상태로 가게 됩니다. 다른 학습자들과 의견을 공유하고 인정하는 활동으로 감수성이 향상되며 공감적인 태도와 실천을 배웁니다.

TBMSI 메이커교육은 맥신 그린의 심미 교육의 관점으로 개인과 사회의 공감과 실천을 강조하여 개발된 교육프로그램입니다.

모형의 단계는 팅커링(Tinkering) → 되어 보기(Becoming) → 만들기(Making) → 공유하기(Sharing) → 개선하기(Improving)입니다.

오보영(필자)의 TBMSI 메이커교육 모형

❶ 팅커링(Tinkering)

마치 놀이하듯이 자유로운 분위기에서 무언가를 만들거나 모둠의 화합을 위해 활동하는 것을 의미합니다.

❷ 되어 보기(Becoming)

활동을 통해 다른 사람이 되어 상상하고, 사실적 정보 수집을 통해 객관화합니다. 왜 무엇을 만들어야 하는지 사고가 정리되며, 아이디어를 도출하는 과정이 자연스럽게 연결되도록 했습니다.

❸ 만들기(Making)

본격적인 메이커 활동이 시작되는 단계로 떠올린 아이디어를 가시적인 결과물로 제작하는 활동입니다.

❹ 공유하기(Sharing)

만들어가는 과정을 기록하는 활동이 이루어지며, 모든 기록은 수업에 참여한 학생들에게 공유됩니다.

❺ 개선하기(Improving)

그동안의 만들기 과정과 결과를 되돌아보고, 서로 피드백을 주고받으며 자신들의 제작 작품들을 발표할 수 있도록 기회를 제공합니다.

TBMSI 모형은 고등학교 학생을 대상으로 했습니다. 중등학교에서 메이커교육을 실행할 때 장애 요소인 공간과 재료에 관한 문제점을 보완하여 정규수업 시간에 실행하도록 했습니다.

TBMSI 모형의 프로세스는 Part 4에서 더 자세히 설명하겠습니다. 교수-학습 지도안과 교육 실행 과정, 학생들의 수업 후기를 확인할 수 있습니다.

Part 4

TBMSI 메이커교육의 실천

Part 4에서는

TBMSI 모형의 단계와 특징,

교육프로그램의 구성과

1~16차시의 실제 수업사례를

확인할 수 있습니다.

11

TBMSI 모형 프로세스

TBMSI 모형의 단계는 다음과 같습니다.

❶ 팅커링(Tinkering)

메이커교육의 첫 번째 활동인 '팅커링(Tinkering)'은 마치 놀이하듯이 다양한 재료와 도구를 가지고 자유로운 분위기에서 무언가를 만들거나 모둠활동을 하는 것을 의미합니다.

'팅커링'이라는 용어가 낯설게 느껴지시죠? '땜질하다'란 뜻인데요, 메이커교육에서는 다양한 도구를 활용해 물건을 만들거나 몸풀기 활동을 하는 것을 말합니다.

본격적인 메이커 활동 전에 다양한 재료와 부품 등을 자유롭게 만지면서 조합하고 해체하고 꾸미고 수리하는 일련의 목적 없는 활동입니다. 또한 창의적 활동에 맞는 학습 분위기를 조성하기 위한 워밍업(warming-up) 단계로서 준비된 주제 또는 재료를 가지고 놀아보는 활동으로 수업을 설계할 수 있습니다.

❷ 되어 보기(Becoming)

'되어 보기'는 허용적인 분위기 속에서 아이디어를 구상하는 단계입니다. 학생들은 '정해주는 것'보다 '하고 싶은 것'을 실현하기 위해서 고차원적 사고가 촉진됩니다. 이것은 학습자에게 충분한 자유를 주고, 자신이 해결하고자 하는 문제를 신중하게 들여다보고 해결방안을 구체화하는 데 도움을 줍니다.

학생들은 주제와 관련하여 체험하고 자세히 관찰하고 정보를 수집하는 과정에서 새로움과 낯설음(Maxine Greene, 2001/2011)을 덧붙임으로써 모호함을 받아들이고 민감한 감수성과 상상력을 일깨울 수 있습니다. 또한 인지적 탐구 학습의 경계를 넘어 무뎠던 감각을 깨트리고 다른 사람이 되어봄으로써 공감의 태도를 배웁니다.

❸ 만들기(Making)

'만들기'는 TBMSI의 메이커교육 모형을 구성하는 과정에서 세 번째 단계입니다. 만들기는 본격적인 메이커 활동이 시작되는 단계로, 떠올린 아이디어를 가시적인 결과물로 제작하게 됩니다.

이 단계에서는 디자인 씽킹에서 강조하는 실험하기, 프로토타입 만들기의 과정이 포함되며, 만드는 과정을 문서로 만들어 다음 단계를 준비하는 과정이기도 합니다.

학습자 스스로 제작 목적을 세우고 해결하기 위한 탐구와 실험이 이루어지며 학습자들은 서로 자신이 알고 있는 정보, 기술, 지식 등의 의견을 나누면서 협력 관계를 형성하므로 공감적 태도를 배울 수 있습니다. 자신이 계획한 제작 활동을 실험하면서 실패를 경험하게 되더라도 지속해서 도전하고 그것을 극복하는 경험을 통해 실천하는 능력이 증진됩니다. 원하는 것을 설득력 있게 제작하기 위해서 미적인 차이를 구별하고 표현하므로 미적 감수성도 함양됩니다.

❹ 공유하기(Sharing)

'공유하기' 단계에서는 만들어가는 과정을 기록하는 활동이 이루어집니다. 기록하기의 형태는 일지 작성, 사진 및 동영상 촬영, 포트폴리오 제작, 웹페이지 활용 등 다양한 형태로 진행됩니다. 모둠별로 이루어지는 다양한 시도들과 경험을 기록하는 과정을 통해 스스로 제작 과정을 점검하고 다음 메이킹 활동을 위해 더 나은 아이디어를 얻을 수 있습니다.

기록, 성찰, 반영하는 작업은 메이킹을 하는 과정에 순환적으로 일어나야 하므로 이 책에서 실행하는 메이커교육에서는 매 수업 시간에 적용되도록 설계했습니다. 다른 학생들의 의견과 교사의 피드백을 듣고 수정하고 보완하는 시간 동안 공감적 태도, 미적 감수성, 실천하는 능력이 복합적으로 작용합니다.

❺ 개선하기(Improving)

'개선하기' 단계에서는 그동안의 만들기 과정과 결과를 되돌아봅니다. 서로 피드백을 주고받으며, 메이킹 결과물을 개선하거나 좀 더 면밀하게 할 수 있는 다양한 방법을 논의합니다. 모둠별로 자신들의 제작 작품을 발표할 수 있도록 기회를 제공합니다. 그 이후 Maker Fair를 통해 작품을 전시하여 공개, 공유하는 활동이 이어집니다.

이 단계에서는 피드백을 통한 개선점을 논의하면서 공감적 태도를 배울 수 있습니다. 그동안 조사하고, 연구하고, 제작한 작업을 알리기 위한 활동을 하므로 효과적으로 아이디어를 전달할 수 있는 시각적 표현에 관하여 고민합니다. 그 과정에서 미적 감수성과 실천하는 능력이 향상됩니다.

12

메이커교육 프로그램의 설계 특징

이 책에서 제시하는 메이커교육의 설계 특징은 5가지로 요약할 수 있습니다.

❶ TBMSI의 메이커교육 프로그램으로 전개합니다.

❷ 온라인과 오프라인을 모두 경험합니다.

❸ 메이커교육의 교육적 효과에서 제시하는 특징인 자기 주도적 학습의 과정을 적극적으로 반영합니다.

❹ 실생활의 문제를 반영하여 문제 해결 중심으로 진행합니다.

❺ 모둠별 활동을 통한 협력과 나눔, 공유 학습이 이루어지도록 합니다.

메이커교육 프로그램의 설계 특징

내 용
1. TBMSI의 메이커교육 프로그램으로 전개한다.
2. 온라인과 오프라인을 병행한다.
3. 활동의 전 과정에 학습자가 주도적으로 참여할 수 있도록 한다.
4. 실생활의 문제를 반영한 문제 해결 중심이다.
5. 모둠별 활동을 통한 협력과 나눔, 공유 학습이 이루어지도록 한다.

첫 번째 메이커교육 설계 특징인 'TBMSI의 메이커교육 프로그램으로 전개한다.'는 메이커교육 모형에 따라 메이킹 활동이 제공될 수 있도록 합니다.

두 번째 설계 특징은 코로나19로 인해 전 세계적으로 원격 교육을 시행하게 된 배경과 상황을 인지하고 시대의 발전과 예상치 못한 많은 변화에 대응할 수 있는 온라인과 오프라인을 병행하는 과정으로 설계했습니다. 교실에서 부족한 시공간의 활동을 보완함과 동시에 대면 수업이 가지고 있는 집합식 교육의 유용성을 같이 활용했습니다.

세 번째 설계 특징은 학습자가 전 과정의 메이킹 활동에 주도적으로 참여할 수 있도록 합니다. 이것은 메이커교육의 개인적 차원의 교육적인 가치 특성에서 도출되었습니다. 메이커교육 과정 안에서 학습자들이 적극적으로 메이킹 활동을 이끌어 갈 수 있게 학습의 주도권이 보장되는 프로그램을 계획하고 구성합니다.

이러한 특징이 적용되도록 온라인, 오프라인 공간에서 학습자들의 문화와 활동을 촉진하는 교사의 역할은 조력자입니다.

네 번째 설계 특징은 실생활에서 직면하게 되는 문제들을 반영한 메이킹 활동이 될 수 있도록 한다는 것입니다. 메이커교육 수업에서는 실재적인 만들기 활동이 강조됩니다. 수업 진행 과정 중 계속해서 활동이 진행될 수 있도록 수업 설계가 이루어져야 하며, 낮은 수준의 활동에서 높은 수준의 활동으로 확장될 수 있도록 설계되어야 합니다.

먼저, 수업 초기에 학습자들에게 저작본능, 즉 만들기 본능을 일깨워주는 메이킹 활동의 도입 단계로 수업을 설계한 후, 학습자들의 흥미가 반영된 구체적이고 실제적 활동이 제공되도록 프로그램을 설계합니다.

설계 특징은 메이커교육 수업 설계와 개발 단계에서 고려되었으며, 집단 또는 개인으로 활동을 실행할 수 있습니다. 또한 구체적인 생산물이 창조되는 메이킹 활동이 제공되도록 했습니다.

마지막으로 다섯 번째 설계 특징은 모둠별 활동을 통한 협력적 활동과 나눔, 공유 학습이 이루어지도록 했습니다. 이것은 메이커교육의 사회적 차원의 교육적 가치 특성으로부터 도출되었습니다. 메이커 모둠에서 만들기는 지식의 상호작용이 활발하게 일어나고 지식 구축의 커뮤니티 기능을 할 수 있게 협력적이고 공유될 수 있도록 했습니다.

13

교육 프로그램의 구성

이 책에서 제시한 메이커교육은 수업 시간 내에 오프라인과 온라인을 통해 개인 활동과 집단 활동이 함께 이루어지는 특성이 있습니다.

B-러닝 기반이므로 '디벗'을 활용하여 수업에 응용하면 유용할 것으로 판단됩니다.

오프라인 수업에서는 미술실이 메이커 스페이스로 구성되었고, 온라인상에서도 메이킹 활동이 병행되어야 하므로 EBS 온라인 클래스, 미로(Miro), 구글 슬라이드를 활용하여 디지털 제작 도구를 사용할 수 있도록 했습니다.

교수학습은 총 16차시로 구성되어 있고, 수업 단계는 팅커링, 되어 보기, 만들기, 공유하기, 개선하기로 구분되어 있으며, 수업 설계 원칙을 적용하여 각각의 차시별 활동을 선택했습니다.

메이커교육 프로그램 전체 흐름도는 다음과 같습니다.

TBMSI 메이커교육 프로그램 전체 흐름도

수업	차시	메이킹 활동 프로세스	프로그램 구성 내용
온라인	1	오리엔테이션, 팅커링 (Tinkering)	• 수업 오리엔테이션 • '미술, 사회와 함께하다' 이론 설명 • 모둠별 메이커들이 하는 일 안내 • EBS 온라인 클래스 소개
	2		• 미로(Miro: 컴퓨터 프로그램)를 통한 제시된 과제를 협업을 통하여 실행 - 이미지와 글을 통한 자기소개 - 모둠별(4~5명) 퍼즐 맞추기 • 공유하기(Sharing): 제시된 과제 설명, 성찰일지
오프라인	3	되어 보기 (Becoming)	• '문제 정의하기'를 위한 활동 안내 • 포스트잇에 작성한 단어를 그룹으로 묶도록 지도 • 페르소나 되어 보기: 체험 키트를 활용하여 교정 걷기
	4		• 공유된 이야기를 종합하여 해결할 문제를 정의함 • 상황극 원고 작성 • 공유하기(Sharing): 상황극 형식의 발표, 성찰일지

온라인	5 6	되어 보기 (Becoming)	• 일지를 확인하여 '되어 보기(Becoming)'의 선수 학습 회상 • 구글 슬라이드 파일 생성(모둠장) • 구글 슬라이드 모둠별 협업 • 사실적 정보 수집 • 페르소나 • 공유하기(Sharing): 구글 슬라이드, 성찰일지 작성
오프 라인	7 8	되어 보기 (Becoming) 만들기 (Making)	• 모둠 토론을 통한 여정 맵 작성 • 개인별 아이디어 스케치 • 모둠별 아이디어 회의 및 최종안 도출 • 적합한 재료를 선택하고 사용법 익히기 • 메이킹 활동을 통한 시제품 제작 • 공유하기(Sharing): 피드백, 성찰일지 작성
온라인/ 모든 단 계 적용	9 10	공유하기 (Sharing)	• 구글 슬라이드를 이용하여 모둠 협업 • 작품 소개 PPT 작성 • 다른 학생들의 의견과 교사의 피드백을 듣고 수정 보완 • 공유하기(Sharing): 피드백, 성찰일지 작성
오프 라인	11 ~ 14	만들기 (Making)	• 모둠별 협업으로 메이킹 활동을 통한 시제품 제작 • 구체적인 결과물 창출 • 공유하기(Sharing): 작품 피드백, 성찰일지 작성
온라인	15	개선하기 (Improving)	• Maker Fair를 위한 작품 소개 PPT 작업 • 피드백을 수용한 개선점 논의 • 콘텐츠와 레이아웃 선정 • 시각화를 위한 회의, 각자의 할 일을 정하고 실행

	16	Maker Fair /최종 성찰 저널	• 각 모둠별 완성품에 대한 프레젠테이션 • 최종 피드백 및 정리 • 공유하기(Sharing): 완성품 전시, 공유와 나눔, 최종 성찰일지 작성

14

1~16차시 수업의 실행

이 수업은 실생활에서 문제 상황에 대한 공감과 이해를 바탕으로 문제를 정의하고 이를 해결하기 위해 협력적으로 계획을 세우며 실행하는 것에 중점을 두었습니다.

대상 학년	고등학교 1학년
차시 / 형태	총 16차시 / 블록형
인원 / 모둠	총 25명 / 6개의 모둠(모둠당 4~5명)

고등학교 1학년 학생이 수업의 대상이며 2시간씩 묶어서 진행되는

블록형입니다. 학급의 구성원은 25명이고, 한 모둠당 4~5명씩 총 6개의 모둠으로 구성됩니다.

1) 1~2차시(온라인): 팅커링

1~2차시는 팅커링 활동을 통해 온라인 도구와 협업을 경험합니다. 마치 놀이하듯이 창의적 활동의 학습 분위기를 조성하는 시간입니다.

고등학생이 되어 온라인으로 처음 미술을 배우므로 즐거워야 하고 누구나 할 수 있는 과제를 제시하여 편안하게 적응하도록 도와야 하는 것이 수업의 지향점입니다. 2차시는 앞으로 진행될 B-러닝을 경험하도록 했습니다. 온라인으로도 창조적으로 만들 수 있다는 것을 실제로 겪어보는 것이 중요합니다. 비대면이지만 본인의 의견이나 생각을 표현할 기회를 제공했습니다.

1~2차시 수업 지향점과 학습자 분석

차시	지향점	학습자 분석	적용
1	• 즐거움	• 고등학생이 된 후 첫 미술 시간 • 서로의 얼굴을 잘 모름	• 편안하고 자유롭게 표현할 수 있도록 분위기 조성 • 쉬운 과제 제시 • 본인을 소개할 기회 제공
2	• 앞으로 진행될 B-러닝 수업 경험	• 온라인 협업에 대한 경험 없음	• 온라인 협업에 관한 툴을 경험하며 익숙해지도록 도움 • 비대면에서도 본인의 생각을 표현할 수 있도록 도움

❶ 1~2차시 수업 전 준비

온라인 클래스, 미로(Miro) 프로그램 설치, 미로(Miro) 프로그램 보드에 이미지 배치, 이미지 퍼즐 만들기

• **EBS 온라인 클래스**(https://ebsoc.co.kr)

온라인 클래스는 쌍방향 온라인 수업뿐만 아니라 학생들이 어려워하거나 반복되는 질문은 교사가 미리 녹화하여 클래스에 올려주어, 언제라도 학생들이 다시 확인하며 복습할 수 있도록 되어 있습니다.

EBS 온라인 클래스 메인 화면

원하는 메뉴를 생성하여 활동지나 과제물 제출에도 유용하게 사용됩니다.

• **미로**(Miro) **프로그램**(https://miro.com/ko/)

미로는 클라우드 기반의 협업 도구입니다. 보드에 그림을 그리거나 글을 써서 아이디어를 시각화할 수 있는 것이 특징입니다.

팀원이 모두 분산되어 원격 근무하고 있는 환경에서도 언제 어디서나 같은 공간에 있는 것처럼 온라인 화이트보드에 포스트잇을 붙이며 함께 브레인스토밍하고 아이디어나 디자인을 개발할 수 있습니다.

마인드맵 작성, 디지털 브레인스토밍에서 프로젝트 일정 관리에 이르기까지 다양한 형태의 템플릿을 제공합니다.

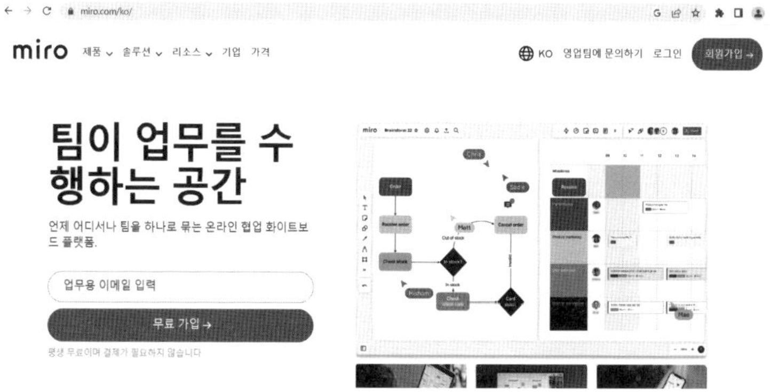

미로(Miro) 메인 화면

※ 미로(Miro) 사용 방법은 부록을 확인해 주세요.

❷ 1~2차시 교수-학습 지도안

차시	1~2차시	수업형태	온라인
모형단계	오리엔테이션, 팅커링(Tinkering) / 공유하기(Sharing)		
학습주제	팅커링(Tinkering)을 통한 온라인 도구 익히기		
학습목표	• 온라인 협업 활동을 이해할 수 있다 • 활동에 필요한 도구를 사용하고 활용할 수 있다		
학습내용	• '미술, 사회와 함께하다' 이론 이해하기 • EBS 온라인 클래스를 통한 쌍방향 수업 경험하기 • 모둠을 구성하고 미로(Miro)를 통한 협업 활동하기		
학습자료	컴퓨터, PPT, 미로(Miro), 성찰일지		

단계	교수-학습활동	학습형태
도입	• 수업 오리엔테이션 • '미술, 사회와 함께하다' 이론 설명 • 수업 시간에 하게 될 활동 안내 → 결과물의 완성보다는 과정의 중요성을 강조한다. → 도큐멘테이션 활동의 의미와 공유 활동(기록 담당 학생의 역할 안내)의 중요성을 설명한다. → 다양한 도구와 재료의 사용에 있어 주의사항을 상기시킨다.	전체활동

전개	• 모둠별 메이커들이 하는 일을 소개 • EBS 온라인 클래스 소개 • 미로(Miro)를 통한 제시된 과제를 협업하여 실행 - 이미지와 글을 통해 나를 소개해요. → 이미지를 옮기고 글을 작성하는 활동을 통해 자연스럽게 프로그램을 습득하도록 돕는다. - 모둠별 퍼즐 맞추기 → 많은 학생이 동시에 이루어지는 활동이므로 서로를 잘 살피고 배려하여 완성하도록 돕는다. - 이미지와 글을 통한 자기소개 → 즐겁고 허용적인 분위기가 되도록 격려한다.	모둠활동
정리	• 모둠 소개, EBS 온라인 클래스 과제 제출 메뉴에 성찰일지 올리기 → 과제를 수행하면서 어렵거나 친구의 갈등 상황도 작성하도록 안내한다. • 다음 차시 안내	전체활동

1차시는 온라인으로 '미술, 사회와 함께하다'의 이론을 설명하여 앞으로 하게 될 활동에 대해 개념 수업을 시작합니다. 미술 교과서(금성출판사) 1단원 '미술, 사회와 함께하다'의 내용을 사용했습니다.

필자는 미술 교사이므로 미술과의 내용을 기반으로 사용했지만, 메이커교육은 범교과적으로 실행하실 수 있습니다.

다음은 필자가 수업 시간에 사용한 PPT입니다.

내용/사진 출처: 미술교과서(금성출판사), p.22~24

(https://blog.naver.com/xenocross/221959496048)

오선생의 Talk!

수업 후 학생들이 작성한 후기를 읽으면서 많은 부분, 이론 학습에서 학생들의 동기부여가 생성되었음을 알 수 있었습니다. 사회 문제를 해결하기 위해 자신들도 훌륭한 일을 시작할 수 있다고 생각하는 듯했습니다. 이론 수업이 얼마나 중요한지 깨닫는 순간이었습니다.

첫 번째 활동으로 미로(Miro)를 통해 제시된 과제를 실행하여 팅커링(Tinkering)을 실시합니다. 창의적 학습 분위기를 만들기 위한 워밍업(warming-up) 단계로, 학생들은 놀이하듯이 자유로운 분위기에서 이미지, 글, 언어로 자신을 표현합니다.

교사는 미로(Miro) 프로그램를 이용해 다양한 사진들을 나열하고 학생들에게 미션을 줍니다. 노란색 판에 올려진 사진 중 마음에 드는 사진을 선택해 본인의 자리에 올려놓고 포스트잇을 사용하여 선택한 이유와 올해 하고 싶은 일들을 적어보도록 안내합니다.

다 정리되면 원하는 학생들 순서로 내가 왜 이 사진을 선택했으며, 올해의 나의 소망은 무엇인지 발표합니다. 친구들의 발표에 꽤 진지하게 경청하는 모습을 보였습니다.

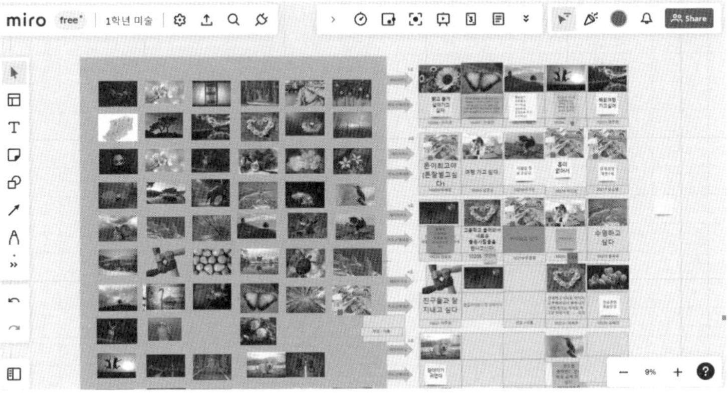

1~2차시 팅커링 활동

사진은 이미지 무료 사이트에서 사진을 내려받아 만들었습니다.

이미지 무료 사이트 주소입니다. 제시해 드린 사이트 말고도 많은 무료 사이트가 있습니다. 그러나 허용되지 않는 사용 영역이 있으니 꼭 사용범위를 확인하시고 사용하시기 바랍니다.

- 픽사베이(https://pixabay.com)
- 펄섹스(https://www.pexels.com/ko-kr/license/)
- 언스플래시(https://unsplash.com/)

오선생의 Talk!

팅커링을 무목적 활동으로 설계한 경우, 학생들의 성향에 따라 주어진 자유로움을 힘들어했습니다. 또한 아이디어 도출의 단계로 설계한 경우는 심리적 압박이 있었어요! 팅커링에서는 가벼운 미션을 주는 것이 좋습니다.

두 번째 활동으로 협업을 통한 모둠별 퍼즐 맞추기를 진행합니다. 선생님은 미리 사진을 잘라 흩어 놓습니다. 사진은 컴퓨터 안에 기본으로 저장되어 있는 그림판을 이용해 자르고 이미지별로 별도 저장했습니다.

동시에 여러 학생이 모둠별로 움직이기 시작했고, 서로 원하는 위치에 맞추느라 우왕좌왕, 갈팡질팡하는 과정에서 서로 웃으면서 임무를

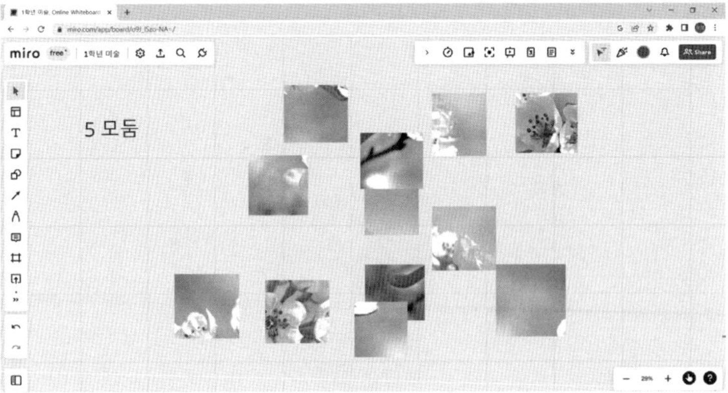

퍼즐 맞추기

수행합니다. 빨리 완료한 학생들은 그림도 그리면서 자신을 표현했습니다.

프로그램에 대한 사용법을 자세히 설명하지 않았음에도 학생들은 알아서 그림도 그리고 글씨도 쓰면서 화이트보드를 활용합니다. 확실히 디지털 세대라 디지털 툴을 감각적으로 단시간에 습득하는 모습을 보였습니다. 학생들은 동시에 함께 무언가 완성해 갈 수 있다는 것을 신기해하고 즐거워했습니다.

교사는 많은 학생이 동시에 움직이는 활동이므로 서로를 잘 살피고 배려하여 완성하도록 안내합니다.

모둠별 퍼즐 맞추기

오선생의 Talk!

EBS 온라인 클래스, 미로 프로그램 모두 처음 접하는 것들이고, 각자 소유하고 있는 컴퓨터의 다양한 환경으로 인해 어려움을 겪는 학생들도 더러 있었으나 '디벗'이 적용되면 해결되리라 생각합니다.

게임 형식으로 즐거움을 주고 칭찬과 격려의 환경을 제공함으로써 팅커링 수업의 목적을 성취합니다. 수업 종료 15분 전에 성찰일지를 작성하고 EBS 온라인 클래스 과제 제출 메뉴에 작성한 파일을 올리도록 안내합니다.

수업 후 성찰일지를 읽으면서 학생들의 생각을 더 알아가는 시간을 가졌습니다.

다음 사진은 학생들이 매 수업 후 작성하여 제출한 성찰일지입니다.

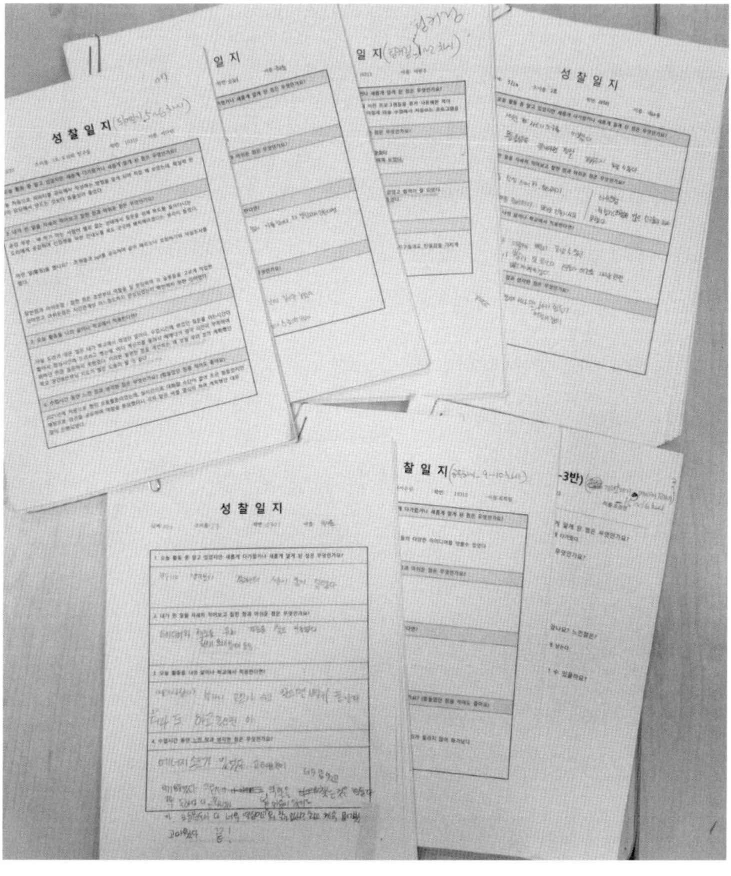

성찰일지

❸ 1~2차시 수업 후기

- 우리 주변 환경의 조형물이 우리에게 전달하고자 하는 것이 무엇인지 생각해 보았어요.
- 미술과 사회가 서로 연결되어서 공존할 수 있다는 것을 알았어요. 평소에 안전 카펫이나 시카고 밀레니엄 공원의 크라운 분수를 알고는 있었지만 그게 미술과 사회가 서로 조화롭게 함께한 것이라고는 알지 못했기 때문이에요.
- 선생님이 예시를 통해서 설명해 주시니 더욱 이해가 잘 되었습니다.
- 미로 프로그램을 실행하면서 처음에는 잘 안 되어서 힘들었지만, 시간이 지날수록 실력이 향상되어 자유자재로 표현하고 동작할 수 있었어요.
- 여러 가지 컴퓨터 프로그램을 쓸 수 있다는 건 강점으로 작용할 수 있을 것 같아요. 미로 쓰는 걸 해봤으니 다른 과목에서도 사용할 수 있겠어요.
- 나의 컴퓨터 환경이 달라서 연결이 잘 안 되어 아쉬웠어요. 그러나 인상 깊은 수업이었습니다.
- 미로라는 프로그램을 처음 해봐서 신기했고 반 친구들과 더 가까워지고 익숙해질 수 있었던 것 같아요.
- 퍼즐 맞추기에서 말없이도 서로 협업이 가능하다는 것을 배웠어

요. 다른 모둠활동에서도 그렇게 할 수 있겠지요? 미로를 나중에 더 깊이 있게 사용법을 배워보고 싶습니다.

- 미로를 처음 해봤지만 큰 어려움 없이 쉽게 따라 할 수 있는 활동이라 재미있었어요. 무언가 글씨나 그림을 그리면 바로 친구들이 피드백, 공감을 해주는 게 기분이 좋았어요.

2) 3~4차시(오프라인): 되어 보기/공유하기

'되어 보기'는 허용적인 분위기 속에서 아이디어를 구상하는 단계입니다. 학습자에게 충분한 자유를 주고, 자신이 해결하고자 하는 문제를 신중하게 들여다보고 해결방안을 위한 구체화에 도움을 줍니다. 경험과 상상을 통해 타인이 되어 봄으로써 타인의 처지를 이해하고 서로 이견을 조율하여 문제를 정의합니다.

또한 상황극 형태의 공유하기를 통해 앞으로 하게 될 페르소나에 대한 개념을 잡고 다음 수업 활동과 연계되도록 합니다.

수업의 지향점과 학습자 분석은 다음과 같습니다.

3~4차시 수업 지향점과 학습자 분석

차시	지향점	학습자 분석	적용
3	• 되어 본다 • 타인의 입장 이해	• 상상을 통한 감정 이입 • 경험을 통한 자극	• 되어 보기 체험 • 상황카드를 통한 간접 경험 • 스토리 만들기
	• 이견 조율	• 서로를 잘 모르는 어색함	• 문제점 정의를 한 문장으로 결정하도록 안내(예시 필요) • 본인의 생각을 표현할 수 있도록 도움

4	• 상황을 구체적으로 상상	• 느끼고 공감한 점을 글로 표현하는 연습 필요 • 페르소나 작성에 대한 이해 없음	• 상황극 작성하고 발표

❶ 3~4차시 수업 전 준비

상황 카드, 체험 키트(저시력 체험기, 붕대 등), **포스트잇, 문제의 정의 활동지, 상황극 작성 활동지**

상황 카드 내용은 타 선생님의 의견과 필자가 학교생활 중 보완이 필요하다고 생각되었던 부분을 중심으로 작성했습니다. 교사가 생각하지

A	B	C	D	E	F
고등학교에 입학해서 학교생활을 잘 해보고 싶은데 격주로 수업을 하니 수업도 잘 안되고 뭐가 뭔지 하나도 모르겠다. 내가 학교생활을 잘 할 수 있는 방법은 무엇일까?	학교에서 청소 당번을 정하여 청소를 했다. 그러나 청소를 할 때 몇명만 열심히 하고 대부분 청소를 열심히 하지 않는다. 그래서 열심히 하는 학생들도 대충 하기 시작했다.	오늘 또 운동을 하다가 다리를 다쳤다. 학교에 엘리베이터가 없어서 친구가 도와줘서 겨우 교실에 올라갔다. 매일매일 친구의 도움을 받는 것이 미안하다.	오늘 전학을 왔다. 교복, 교칙, 특별실, 학교생활..모두 막막하다. 친구도 없고.. 누군가 나를 도와 주었으면 좋겠다.	나는 눈이 잘 보이지 않는다. 나는 선생님의 수업이 너무 좋고 친구들과 고등학교 시절을 함께 보내고 싶다. 내가 많은 사람들의 도움없이 스스로 학교 생활을 잘 할 수 있는 방법은 무엇일까?	우리 모둠은 상황을 스스로 만들어 볼께요~

상황 카드

못한 부분도 있을 수 있으니 'F'란도 만들어주세요.

오선생의 Talk!

필자는 TBMSI 메이커교육 '되어 보기' 학습 활동에 앞서 2018년부터 메이커 수업에서 타인의 입장에 대해 '공감'하도록 단어 카드를 이용했으나 학생들이 어려워하는 것이 관찰되었습니다. 다음 해에 다양한 사람의 모습을 그림으로 그려서 시도했으나 그것 또한 원활하게 진행하지 못했으므로, 스토리를 연상하도록 상황 카드를 제시하는 것으로 교구를 제작했습니다.

수업을 하면서 학생들이 '공감'이라는 용어 자체에 관해 부담을 느끼는 것을 알게 되었어요. 공감은 자연스럽게 되는 것인데, '공감하라!'고 하니 불편했나 봅니다. 이 수업에서는 '타인의 상황 되어 보기'를 통해 구현했으며 의도적으로 '공감'이라는 용어를 사용하지 않았습니다. 학생들이 먼저 '공감'이라는 단어를 말한 이후로 사용했습니다.

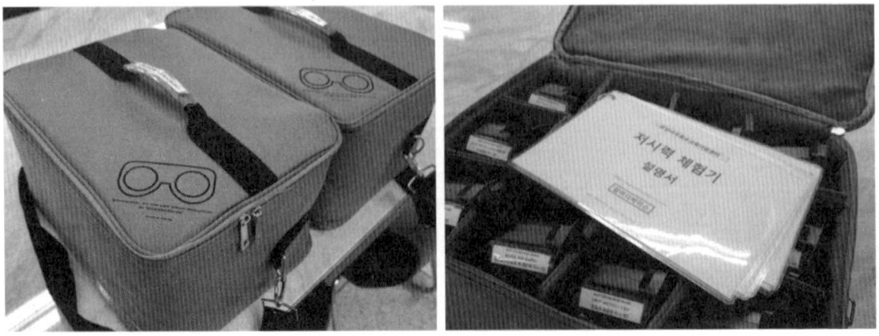

저시력 체험기

체험 키트로 저시력 체험기와 붕대를 개별화 선생님과 보건 선생님께 말씀드려 빌렸지만, 학교에는 장애 체험 도구가 없는 경우가 더 많습니다. 그러나 반별로 도구의 사용을 다르게 적용해 본 결과, 실제 체험을 하지 않고 상황 카드를 통해 상상하는 것만으로도 학생들은 공감적 태도를 보였습니다. 그러므로 체험 키트가 없는 경우는 상황 카드로만 진행해도 됩니다.

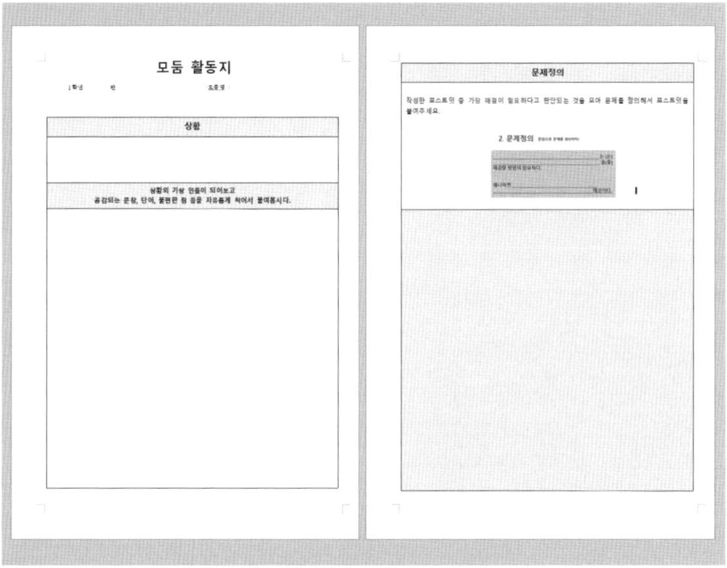

모둠 활동지

❷ 3~4차시 교수-학습 지도안

차시	3~4차시	수업형태	오프라인
모형단계	되어 보기(Becoming) / 공유하기(Sharing)		
학습목표	3차시: 내가 속한 사회(학교)를 세밀하게 관찰하고 문제를 발견할 수 있다. 문제 상황에 관한 타인의 상황을 이해하고 아이디어를 도출할 수 있다. 4차시: 팀원들 간 이견을 조율하고, 협력하여 결과물을 도출할 수 있다. 공감을 바탕으로 대상에게 해결이 필요한 문제점을 정의할 수 있다.		
학습내용	• 다양한 아이디어 도출 방법 시도 • 타인의 관점으로 행동하고 생각해 보기 • 확산과 수렴을 통한 문제의 정의		
학습자료	PPT, 포스트잇, 전지, 다양한 체험 키트, 성찰일지		

단계	교수-학습활동	학습형태
도입	• 3, 4차시 활동 안내 → 도큐멘테이션이 해야 할 일을 상기시키고, 기록의 중요성을 강조한다.	모둠활동
전개1	• 다양한 상황이 제시된 카드를 읽고 모둠별 토론을 통해 선택 • 공감되는 문장 또는 단어를 포스트잇에 작성 후 그룹핑 • 설정한 사람이 되어 보기 → 학급 학생들과 교사는 운동장으로 나가 체험 키트(안대, 붕대, 목발 등)를 활용하여 교정을 걸어본다. • 다양한 사람의 관점으로 생각해 보고 느낀 점을 정리	모둠활동

	• 그룹 공통 주제에 대한 의견 나눔 • 문제를 정의하여 한 문장으로 작성	
전개2	• 모둠별 스토리 만들기 → 팀원들과 소통하여 하나의 이야기로 수렴한다. • 상황극 원고 작성 및 발표 연습	모둠활동
정리	• 팀 간 공유하기(Sharing): 상황극 형식의 발표 • 성찰일지 작성 • 다음 차시 안내	전체활동

3차시 '되어 보기' 활동은 학생들이 직접 경험하고 스스로 기록해야 하므로 도큐멘테이션 역할의 중요성을 강조하며 수업을 시작합니다. 여러 가지 상황이 제시된 카드를 읽고 모둠별 토론을 통해 다양한 사람의 관점으로 생각해 보도록 안내합니다. 공감되는 문장 또는 단어를 포스트잇에 적고 공통되는 내용들을 모아 분류합니다.

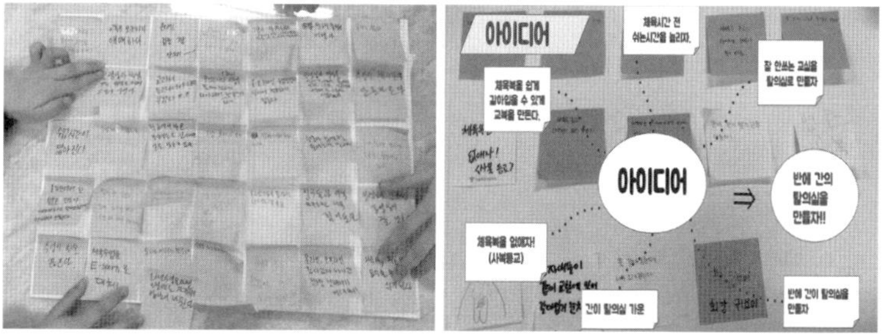

포스트잇에 적어보기

또한 준비된 체험 장비(시각장애, 붕대, 목발 등)를 사용하여 다리에 붕대를 감고 걷기, 저시력 체험기를 착용하고 교문부터 교실까지 다녀오는 임무를 수행합니다. 학기 중에는 다리를 다치는 학생들이 늘 있으므로 학생들은 지난 중학교 시절의 학교생활을 회상하며 참여하는 모습이 관찰되었습니다.

시각장애 체험 활동

4차시는 다시 한번 상황 카드를 읽고 모둠별 토론을 통해 해결할 문제를 설정하고 한 문장으로 다듬어보는 시간을 가집니다. 모둠별로 해결해야 할 문제를 명확히 알 수 있습니다.

문제의 정의는 앞의 '되어 보기'에서 얻은 통찰로부터 의사결정을 수행하는 수렴적 사고입니다. 다양한 의견들 속에서 가치 있고 해결할 문제를 찾아내는 단계입니다.

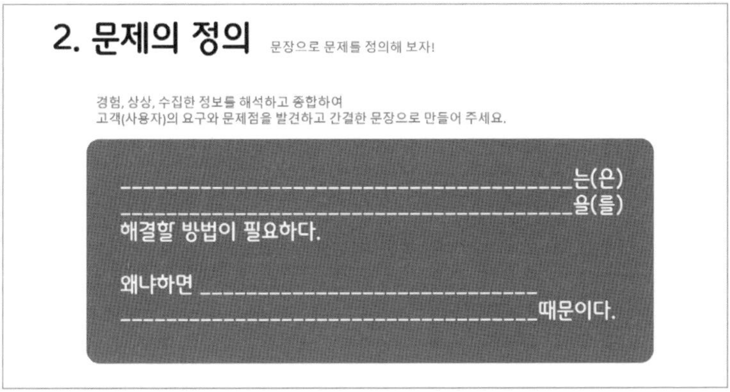

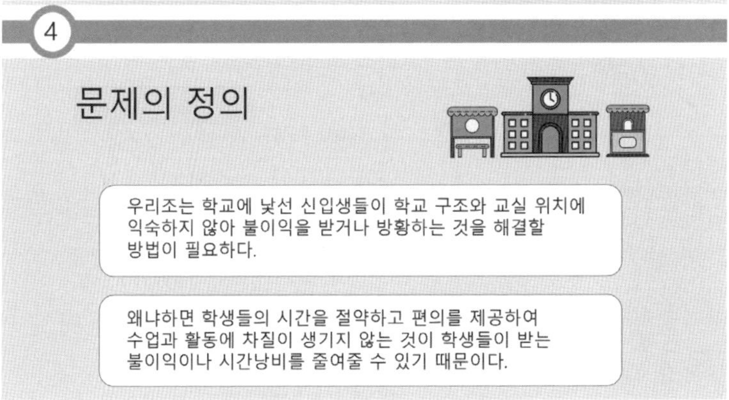

문제의 정의 예시와 학생들이 작성한 문제의 정의

모둠원들과 소통하며 상황극을 만들어 원고를 작성하고 모둠별로 발표하면서 서로 다른 모둠의 내용을 공유합니다.

상황극 만들기

상황 이야기를 만드는 이유는 공감뿐만 아니라 페르소나를 작성하기 위함입니다. 처음부터 페르소나를 설명하고 작성하면 어려워하는 학생들이 많았습니다. 서로의 의견을 합의하여 하나의 이야기를 만들어 상황극을 먼저 만들고 5~6차시에 페르소나를 정리하면 학생들이 쉽게 수업에 참여할 수 있습니다.

페르소나(Persona)

고대 그리스 가면극에서 배우들이 썼다가 벗었다가 하는 가면을 말합니다. 가면에 인물의 감정을 나타내는 얼굴을 새겨 표현했다고 합니다. 이후 사람(Person) 인격, 성격(Personality)의 어원이 되었습니다. SNS에서 사용하는 프로필 사진이나 어떤 인물이 대표적으로 사용하는 특정 고유 이미지 같은 것 역시 페르소나로 설명하기도 합니다.

마케팅에서도 브랜드 이미지 설정을 위한 중요한 도구로 쓰입니다. 개발 중인 제품이나 서비스가 겨냥한 시장을 대표하는 가상의 인물입니다. 페르소나로 정의할 항목에는 프로파일, 성격, 행동, 기대, 동기, 요구사항과 목적 등이 있습니다.

학생들은 수업을 돌아보며 성찰일지를 작성하고 교사는 다음 차시 안내를 하고 수업을 마칩니다.

❸ 3~4차시 수업 후기

- 생각보다 앞이 안 보인다는 것이 큰 두려움으로 다가왔어요.
- 내 주위에도 다리가 불편한 사람들이 있고 그 외에도 불편함을 가진 사람을 쉽게 볼 수 있어요.
- 그들을 간과하지 말고 도와주어야겠다고 생각했어요.
- 내가 시각장애인이 된다거나 무릎이 다친다고 생각해 본 적이 많지는 않지만, 이번 시간을 통해 생각해 보게 된 시간이 되었습니

다. 직접 체험해보면서 힘들고 불편했으나 그 사람의 입장이 되어 많은 것을 느끼게 된 시간이었어요.

- 주변에 장애인을 위한 시설이 완비되지 못했다는 것을 알게 되었고 충격적입니다.
- 어떻게 하면 이러한 불편함이 개선될 수 있을까 생각했어요.
- 다리며 눈이 불편한 사람들을 상상해보니 얼마나 힘든지 와 닿았어요. 그동안 내가 함부로 가늠했다는 사실에 죄송스러운 마음이 들었습니다.
- 앞으로 학교에서 다리를 다친 친구를 발견하면 함께해주고, 일상에서 시각장애인이 있다면 위험한 일을 겪지 않도록 도와줄 거예요. 나와 관련된 일이 아니라고 안일하게 생각하지 말고 앞으로는 관심을 더 가져야겠다고 생각하게 되었어요.
- 학교 차원에서는 시각장애인들이 이동할 때의 안전을 위해 점자블록, 쿠션 등을 설치해 부상 위험을 최소화해야겠으며, 나 스스로는 이런 약자들에 대한 감수성을 길러가야겠다고 다짐했어요.
- 구체적으로 생각해 보니 이론으로 받아들이는 것보다 깊이 공감하게 되었고 문제 상황에 대한 해결책을 찾아보는 것이 더 쉬웠던 것 같아요.

3) 5~6차시(온라인): 되어 보기/공유하기

5~6차시에서는 학생들 대부분이 온라인 협업 경험이 없으므로 구글 슬라이드 사용법을 안내합니다. 또한 사실적 정보 수집, 여정 맵, 페르소나 등 생소한 용어와 이전에 해보지 않은 생소한 활동이 많아 자세한 설명과 예시가 필요합니다.

다음은 수업의 지향점과 학습자 분석 내용입니다.

5~6차시 수업 지향점과 학습자 분석

차시	지향점	학습자 분석	적용
5	• 구글 슬라이드 경험	• 온라인 협업경험 없음	• 구글 슬라이드 작성 • 생소한 용어 설명
6	• 사실적 정보 수집 • 여정 맵, 페르소나 작성	• 생소한 용어가 많음	• 자세한 설명과 예시

❶ 5~6차시 수업 전 준비

구글 슬라이드 작성법을 녹화하여 온라인 클래스에 게시한다

구글 슬라이드는 소프트웨어가 필요하지 않습니다. 여러 사용자가 동시에 작업할 수 있으므로 모두가 항상 최신 버전을 보유할 수 있습니다. 휴대전화나 태블릿에서도 슬라이드를 보거나 프레젠테이션을 할 수 있어서 항상 마지막 순간까지 프레젠테이션을 연습할 수 있는 장점이 있습니다.

작업 과정은 온라인으로 자동 저장되고, 드라이브 저장용량 계산에 포함되지 않고 무기한으로 보관되므로 언제든지 추적하고 수정할 수 있습니다.

필자는 수업 시간에 구글 슬라이드 작성 방법을 학생들에게 설명했으나 반복되는 질문이 많아, 구글 슬라이드 작성법을 녹화하여 온라인 클래스에 게시하며 학생들이 제작하면서 필요할 때마다 볼 수 있도록 했습니다.

❷ 5~6차시 교수-학습 지도안

차시	5~6차시	수업형태	온라인
모형단계	되어 보기(Becoming) / 공유하기(Sharing)		
학습목표	5차시: 구글 슬라이드 파일을 생성하고 공유할 수 있다. 모둠별 협업을 통하여 슬라이드 페이지를 작성할 수 있다. 6차시: 컴퓨터를 이용하여 사실적 정보를 수집할 수 있다.		

	조사한 내용과 활동지를 바탕으로 가상의 페르소나와 여정 맵을 작성할 수 있다.
학습내용	• 구글 슬라이드 파일 생성과 공유 • 협업을 통한 작성 • 사실적 정보 수집, 페르소나, 여정 맵
학습자료	컴퓨터, 메이커 일지, 종이와 연필

단계	교수-학습활동	학습형태
도입	• 일지를 확인하여 '되어 보기(Becoming)'의 선수학습 회상 • 오늘 수업에서 진행할 온라인 파일 작성, 페르소나와 여정 맵을 소개하고 설명	전체활동
전개1	• 구글 슬라이드 파일 생성 방법과 공유 방법 설명 • 모둠장 또는 모둠 대표가 파일을 생성하고 공유 • 모둠별 협업으로 사실적 정보 수집 → 모둠별 주제에 따라 다양한 관련 검색어를 시도해보도록 안내한다. • PPT에 시각적으로 보이도록 작성	모둠활동
전개2	• 주제와 관련된 다양한 경험과 이야기 공유 • 페르소나를 문장으로 만들기 위해 의견 나눔 및 합의 → 지난 시간에 작성했던 상황극 글을 활용하여 결정하도록 안내한다. • 페로소나 PPT 페이지 제작 • 여정 맵 작성을 위한 의견 회의 및 합의 • 여정 맵 PPT 페이지 제작	모둠활동

	→ 모둠원들이 동시에 작업하므로 서로의 할 일을 정하여 계획적으로 하도록 지도한다. • 수집한 정보를 바탕으로 해결할 필요가 있는 문제점에 대해 다시 점검하고 문장 다듬기	
정리	• 성찰일지 작성 후 EBS 온라인 클래스에 탑재 • 다음 차시에 이루어질 활동을 안내	전체활동

5~6차시는 온라인 수업입니다. 일지를 확인하여 지난 수업 시간에 경험했던 '되어 보기'의 선수학습을 회상합니다. 5차시는 오프라인 수업에서 느낀 점들을 토대로 사실적 정보 수집, 여정 맵, 페르소나를 작성하는 작업이고, 6차시는 개인별 아이디어 스케치를 하고 모둠별 회의를 거쳐 최종안을 도출하는 작업입니다.

5차시 수업에서 교사는 온라인으로 파일을 생성하고 공유하는 방법을 소개합니다. 온라인으로 협업 자료를 만들어보는 것이 처음이어서 많은 질문이 예상되므로 설명 수준을 낮추어 아주 자세하게 설명합니다. 예상대로 학생들은 온라인으로 함께 자료를 어떻게 만들어야 하는지 모르겠다는 피드백을 했습니다. 평소 컴퓨터 활동이 친숙한 학생들과 그렇지 않은 학생들의 차이가 커 보였습니다.

파일을 공유해야 모든 학생이 동시에 PPT를 제작할 수 있으므로 설정 방법을 말씀드리겠습니다.

상단의 공유버튼 → 링크가 있는 모든 사용자로 변경 → 편집자로 지정해 주세요.

선생님도 모둠별로 들어가 부족한 부분을 함께 만들어 갈 수 있고, 학생들이 작성하고 있는 PPT 페이지에 실시간으로 메모를 남겨 둘 수도 있습니다.

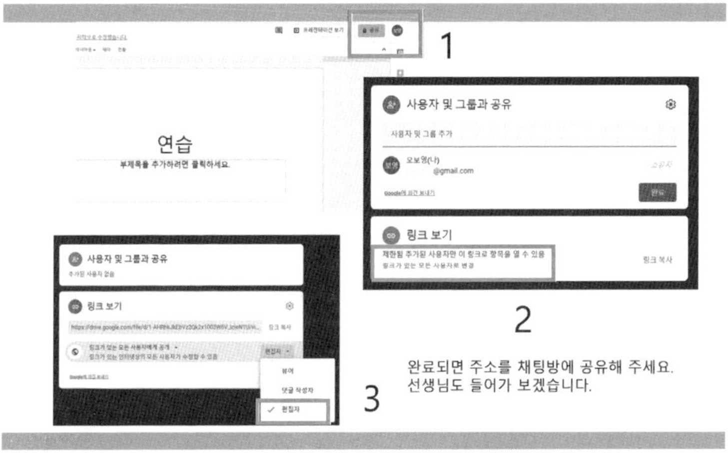

구글 슬라이드: 편집자로 설정하기

6차시에 공유된 파일을 이용하여 모둠별 사실적 정보 수집, 여정 맵, 페르소나를 작성하는 시간을 가집니다.

수업 중간에 학생들의 이해 정도를 확인해 주세요. 학생들이 여정 맵을 낯설어하는 경우가 많았습니다. 그러나 이해하고 실제로 해보면 재미 있어 합니다. 필자가 진행한 수업에서도 학생들이 여정 맵에 대한 이해도가 낮아 7차시에서 보완하는 시간을 가졌습니다.

수업 종료 15분 전에 성찰일지를 작성하고 EBS 온라인 클래스 과제 제출 메뉴에 성찰일지 파일을 올리도록 안내합니다.

아래의 사진은 학생들이 정보를 수집하여 PPT에 정리한 내용입니다.

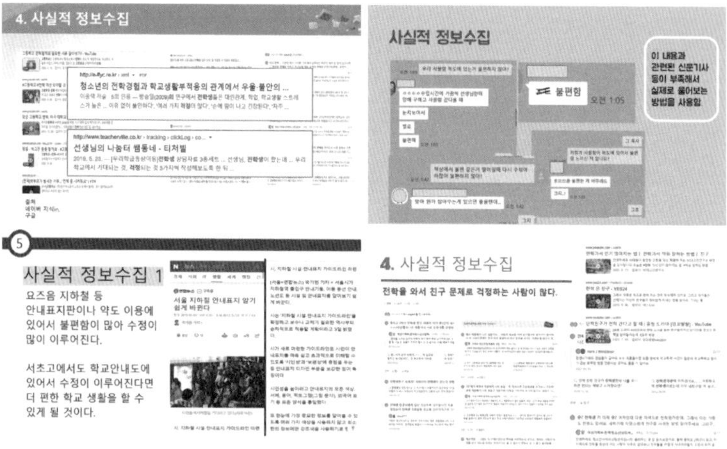

학생들의 사실적 정보 수집

❸ 5~6차시 수업 후기

- 오늘 처음으로 PPT를 공유해서 작성하는 방법을 알게 되어 직접 해보았는데 확실히 한 명이 담당해서 만드는 것보다 효율성이 좋았어요.
- 모둠별로 온라인상에서 어떻게 해야 더 협업할 수 있고 잘 소통할 수 있는지 배웠고, 그 과정에서 친구들과 더욱 친해졌습니다.
- 미술뿐만 아니라 다른 과목에서도 자료 조사할 때 키워드를 어떤 것으로 써야 하는지 생각해 보게 되었어요. 이런 참신한 실시간 PPT 작성 툴이 있다는 사실이 새롭게 다가왔습니다.
- 예전에는 서로의 집에 모여서 만들거나 각자 파트를 정해서 제작했었는데 실시간 협력할 수 있다는 점이 좋았어요. 나 혼자라면 못 해냈을 것 같은 일을 친구들과 함께하니 능률도 오르고 자료의 질도 좋아졌습니다.
- 컴퓨터를 잘하지 못해서 어색하고 어려웠어요. 다음에는 익숙해져서 더 잘됐으면 좋겠다고 생각했습니다.
- 온라인 활동의 장점으로 각자 기기로 정보를 찾아서 스크랩하는 것이 재미있었어요. 친구들과 협동하려고 노력했고, 기사를 스크랩할 때 좋은 키워드를 정해서 검색하면 짧은 시간에 많이 그리고 적합한 자료를 찾을 수 있었어요.

- 예전에는 개별과제가 더 좋다고 생각했었는데… 이런 식으로 온라인 조별 과제를 하는 것은 색다른 경험이었어요.

처음 경험하는 구글 슬라이드를 만들어보는 과정이 어려웠지만 새로운 방법을 배웠다는 것에 학생들은 긍정적으로 반응했습니다.

4) 7~8차시(오프라인): 만들기/공유하기

7~8차시는 오프라인 수업으로 만들기와 공유하기입니다. 생각을 시각화하는 활동입니다. 지난 차시에 진행했던 사실적 정보 수집, 페르소나, 여정 맵을 상기하는 과정을 통해 수업의 진행 상황을 확인하고 부족한 부분은 보완합니다. 학생들의 아이디어 스케치를 확인하고 적합한 도구를 사용할 수 있도록 소개합니다.

수업의 지향점과 학습자 분석은 다음과 같습니다.

7~8차시 수업 지향점과 학습자 분석

차시	지향점	학습자 분석	적용
7	• 선수학습 보완	• 익숙하지 않은 활동	• 예시를 준비하여 소개 • 선배들의 작품을 보면서 동기부여 하도록 도움
8	• 아이디어 스케치 • 구현할 재료 선택	• 다양한 도구에 익숙하지 못함	• 도구 사용법 자세히 설명

❶ 7~8차시 수업 전 준비

여정 맵 활동지, 아이디어 스케치 활동지

여정 맵에 대해서 들어 보셨나요?

여정 맵이란, 서비스 여정 맵 또는 Journey Map이라고도 하는데, 사용자의 경험을 시각적으로 체계화하는 것을 말합니다. 페르소나의 일련의 행동 과정(서비스, 매력, 어려움)을 시간 축으로 가시화한 그래프입니다. 이러한 사용자 여정 맵을 그리는 이유는 사용자를 깊게 이해하고 페인포인트를 찾기 위함입니다.

경험의 단계를 세분화함으로써 단계별 사용자의 감정을 분석합니다. 이를 통해 감정을 시각화하고 감동 수준이 미흡한 요소를 파악하고 개선해야 하는 이슈들을 선정합니다.

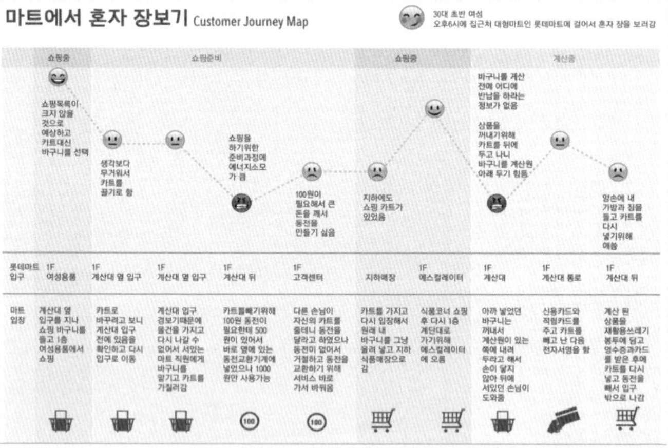

페인포인트를 확인하기 위한 기존의 여정 맵은 감정 표현이 위쪽에 있고, 상황에 대한 설명이 아래쪽에 배치된 경우가 많습니다. 보는 사람에게 최적화되어 있지

요. 아마 회사에서 클라이언트를 설득하기 위해 작성된 것이어서 그런 것 같습니다. 그러나 작성자의 입장인 학생들은 상황을 글로 정리하고 감정을 시각화하는 것을 더 편안하게 생각했으므로 활동지에서는 위아래 순서를 변경했어요.

❷ 7~8차시 교수-학습 지도안

차시	7~8차시	수업형태	오프라인
모형단계	만들기(Making) / 공유하기(Sharing)		
학습목표	7차시: 여정 맵을 이해하고 작성할 수 있다. 다른 사람의 의견을 경청할 수 있다. 8차시: 주제에 따른 아이디어 스케치를 할 수 있다. 스케치를 통해 생각을 시각화할 수 있다.		
학습자료	작품 제작에 필요한 관련 재료, 색상지, 다양한 채색 도구, 메이커 일지		

단계	교수-학습활동	학습형태
도입	• 지난 차시에 진행했던 사실적 정보 수집, 페르소나, 여정 맵을 상기 • 다양한 재료의 특징과 사용법을 설명 • 포기하지 않고 마지막까지 최선을 다하는 태도의 중요성을 강조	전체활동

전개1	• 지난 차시에 진행했던 사실적 정보 수집, 페르소나, 여정 맵을 상기하는 과정을 통해 수업내용을 이해하지 못함을 확인 • 다시 내용을 설명한 후 손을 들어 형성 평가를 실시 • 여정 맵은 종이와 필기도구를 이용하여 시각화하도록 안내	모둠활동
전개2	• 모둠별로 결정한 주제로 개인별 아이디어 스케치 → 아이디어 스케치는 질보다 양이 중요함을 강조한다. • 팀별 아이디어 회의 및 최종안 도출 → 타인의 아이디어를 경청하고 합의하도록 안내한다. • 적합한 재료를 선택하고 사용법 익히기 → 메이커 스페이스에 있는 재료를 상기시켜주어 아이디어 스케치를 어떻게 구현할 것인지 생각해 보도록 돕는다. → 교사는 재료 사용에 관하여 주의사항을 이야기하고 시범을 보인다. → 교사는 순회하면서 어려운 문제가 있는지, 질문사항이 있는지 확인한다. • 메이킹 활동을 통한 시제품 제작	모둠활동
정리	• 성찰일지 작성 • 다음 차시에 이루어질 활동을 안내	전체활동

7차시는 선수학습 확인을 통해 교사는 모둠별로 순회하면서 어려움이 있는지 확인하고 완료하도록 돕습니다. 이해가 부족한 부분은 다시 한번 설명하고 모둠별로 종이에 직접 기입하고 시각적으로 표현하도록 지도합니다. 완성된 여정 맵을 도큐멘테이션 담당자가 사진과 글로 남기도록 안내합니다.

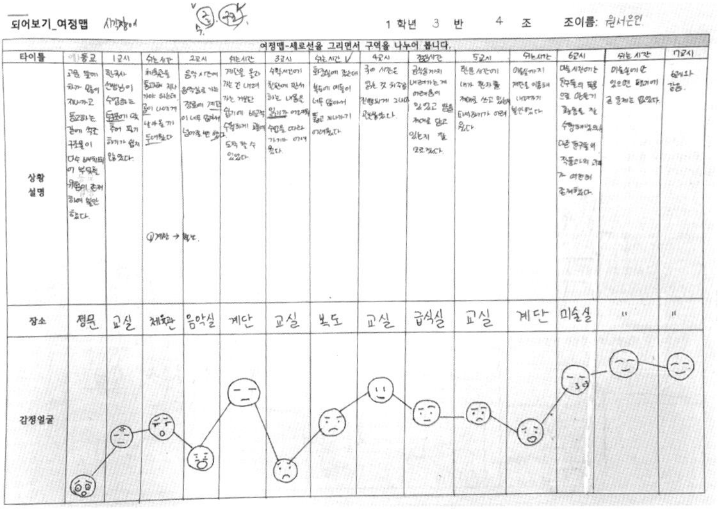

학생들이 작성한 여정 맵

8차시는 모둠별로 결정한 주제를 가지고 개인별로 아이디어 스케치하도록 안내합니다. 교사는 질보다 양이 중요함을 강조합니다. 모둠별 회의를 통하여 최종안을 결정하도록 합니다.

메이커 스페이스(또는 교실)에 있는 재료를 상기시켜 주어 아이디어 스케치를 어떻게 구현할 것인지 생각해 보도록 돕고, 적합한 재료를 선택하고 사용법을 익히도록 도구 사용에 관한 시범을 보입니다.

학생들은 원하는 재료를 선택하고 스스로 사용해보면서 방법을 익히며 어떻게 구체적인 사실로 표현할 것인지 의논합니다.

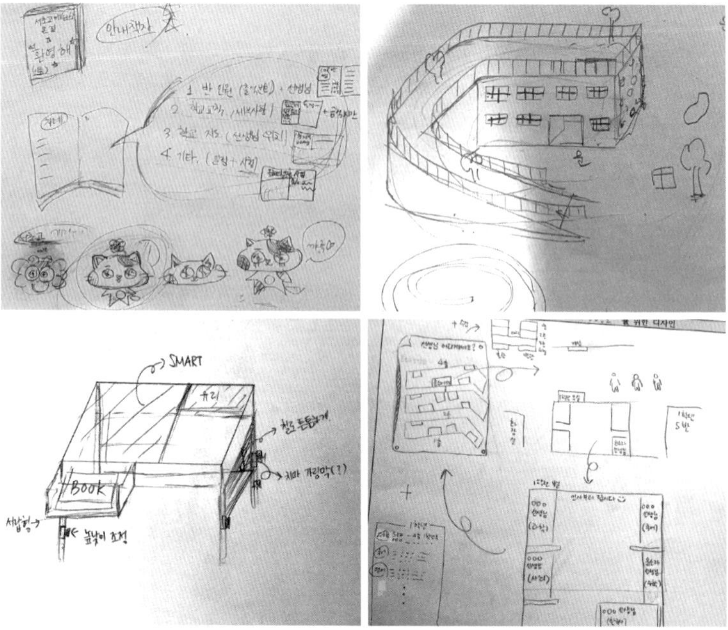

학생들의 아이디어 스케치

❸ 7~8차시 수업 후기

- 모둠원의 생각을 맞춰가며 최종 시안을 기획하는 과정이 의미 있고 재미있었습니다.
- 피곤할 줄 알았는데 모둠원들과 함께 토론하고 의견을 나누다 보니 시간 가는 줄 모르게 활동이 진행되었습니다.

- 전학생이 어려워할 내용에 관하여 이야기했는데 옛날에 전학생이었던 시절이 떠올라 웃펐어요.
- 문제 해결을 위해 분석하고 해결방안을 생각해 보았어요. 아이디어가 없어서 막막했는데 막상 해보니 아이디어가 생겨서 좋았습니다.
- ○○고 캐릭터를 직접 만들어 심미적 표현의 질을 높였어요. 차례부터 표지 끝까지 지도, 벌점, 상점 등의 내용을 구성했고 아이디어를 주도적으로 진행했습니다.
- 시각장애인을 위한 건물의 아이디어를 냈고 그에 대한 디테일까지 조원들과 함께 신경 써서 협동하며 결과물을 만들어내기 위해 노력했어요.
- 학생들은 어떤 부서가 어떤 위치에 있는가보다 어떤 과목을 어떤 선생님이 담당하고 그 선생님이 어디에 있는지를 더 궁금해한다는 것, 생각보다 커터 칼로 종이 자르기가 힘들다는 것을 알았어요.
- 전학생이 모든 것에 낯설어하는 것을 고려해 학교 안내 책자를 계획해서 디자인했습니다. 내용을 구성하고 전학생에게 필요한 정보들이 뭐가 있을지 탐구했어요.
- 여러 가지를 만들 수 있었던 것이 재미있었고 다음 시간에 실제로 건물을 만들 것이 기대됩니다.

5) 9~10차시(온라인): 만들기/공유하기

9~10차시는 지금까지 경험했던 부분들과 아이디어를 구체화했던 과정들을 슬라이드에 작성하고 주제와 어울리게 시각화하도록 안내합니다.

9~10차시 수업의 지향점과 학습자 분석은 다음과 같습니다.

9~10차시 수업 지향점과 학습자 분석

차시	지향점	학습자 분석	적용
9	• 선수학습 보완	• 익숙하지 않은 활동	• 질문을 통해 확인 후 설명
10	• 구글 슬라이드 작성	• 컴퓨터가 익숙하지 않은 학생과 익숙한 학생의 편차가 있음	• 도구 사용법 자세히 설명 • 설계 가이드 안내

온라인 모둠 방을 만들어 발표할 주제에 따른 내용, 이미지, 폰트, 색채의 사용에 관하여 의논하고 작성하도록 안내합니다. 교사는 시차를 두고 각 모둠으로 들어가 필요한 부분이 있는지, 이해가 안 되는 부분이 있는지 확인하고 질문에 답변합니다.

❶ 9~10차시 수업 전 준비

온라인 클래스 모둠별 방 만들기

❷ 9~10차시 교수-학습 지도안

차시	9~10차시	수업형태	온라인
모형단계	되어 보기(Becoming) / 공유하기(Sharing)		
학습목표	• 모둠별 협업을 통해 슬라이드 페이지를 작성할 수 있다. • PPT에 넣을 자료를 체계적으로 정리할 수 있다. • 효과적인 내용의 전달을 위해 디자인과 색채를 계획할 수 있다.		
학습자료	컴퓨터, 메이커 일지, 종이와 연필		

단계	교수-학습활동	학습형태
도입	• 일지를 확인하여 '구글 슬라이드 작성법'의 선수학습 회상 • 오늘 수업에서 진행할 온라인 파일 작성을 소개하고 설명	전체활동
전개	• 모둠별 협업 활동 → 지금까지 경험했던 부분들과 아이디어를 구체화했던 과정을 슬라이드에 작성하도록 안내한다. • 주제와 어울리도록 시각화하는 작업	모둠활동

	→모둠별 주제에 따른 내용, 이미지, 폰트, 색채의 사용에 관하여 의논하고 작성하도록 안내한다. →교사는 시차를 두고 각 모둠으로 들어가 필요한 부분이 있는지, 이해가 안 되는 부분이 있는지 확인하고 질문에 답변한다.	
정리	• 성찰일지 작성 후 EBS 온라인 클래스에 탑재 • 다음 차시에 이루어질 활동을 안내	전체활동

9~10차시는 온라인 수업으로 만들기와 공유하기가 진행되었습니다. 모둠별 온라인 방에서 자료를 정리하고 어떻게 하면 효과적으로 표현하고 전달할 수 있는지 의논합니다. 지금까지 경험했던 부분들, 자료조사, 인터뷰, 실험, 아이디어를 구체화했던 과정들에 관한 내용을 슬라이드에 작성하고 주제와 어울리도록 시각적으로 구체화하는 작업입니다.

교사는 시차를 두고 각 모둠으로 들어가 필요한 부분이 있는지, 이해가 안 되는 부분이 있는지 확인하고 질문에 답변합니다.

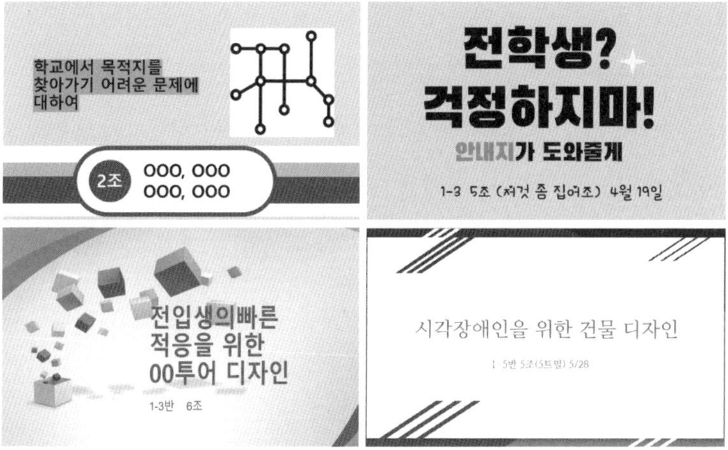

모둠별 PPT 제작

❸ 9~10차시 수업 후기

- PPT를 이렇게 합심하면 빨리! 그리고 좋은 결과로 완성할 수 있네요. 원래 “너는 이거 해. 너는 저거 해볼래?” 했는데 그렇게 안 하고 자율적으로 자기가 원하는 것을 하게 하니까 생각보다 빨리 좋은 결과물이 완성됐어요.
- 모둠으로 할 때 의견을 모으는 것은 힘들기도 하지만 다 같이 하므로 편하기도 한 것 같아요.
- 의견이 달라서 진행이 안 되는 부분에서 조금 화가 났어요.
- 모둠별로 나누어서 온라인상에서 대화하는 것이 신기했어요.

- PPT를 만드는 것이 처음에 혼란스러웠지만, 시간이 갈수록 익숙해졌어요. 의미 있는 수업이었어요.
- 소통이 조금 덜 되니 내가 하는 중에 다른 친구가 갑자기 바꿔버리거나 없애는 경우가 생겨 조금 답답했어요.
- 비대면이지만 조원들끼리 이견 조율이 생각보다 잘 돼서 놀라웠어요.
- 다음 시간에 결과물을 제작하고 PPT의 마지막 장을 채울 생각을 하니 기대가 됩니다.
- PPT를 만들면서 검색을 통해 전학생에 대해 알 수 있어서 좋았어요. 조원들과 역할 분담을 하여 만들면서 신속하게 만들 수 있었는데, 아직 거의 완성하지는 못해서 아쉬워요.
- 지금까지 해왔던 활동들을 정리하면서 하나의 PPT 자료로 만드니 그동안 우리가 한 활동이 어떤 의의가 있는지도 자세히 알게 되었어요.

학생들은 실제로 우리가 세운 계획과 설계가 이루어지면 좋겠다고 표현했습니다. 활동하면서 서로 의견이 달라 힘들어하는 학생들은 어떻게 해야 할지 고민하는 과정이 관찰됐고, 이견 조율이 잘되는 모둠의 경우는 미래에 완성하게 될 작품에 대한 기대감을 나타내었습니다.

6) 11~14차시(오프라인): 만들기/공유하기

만들기는 실제 제작이 이루어지므로 재료의 사용법을 익히도록 안내하고 구체화할 수 있도록 돕는 과정이 필요합니다.

11~14차시 수업의 지향점과 학습자 분석은 다음과 같습니다.

11~14차시 수업 지향점과 학습자 분석

차시	지향점	학습자 분석	적용
11 ~ 14	• 재료의 사용법 익히기 • 만들기 구체화	• 도구 사용 미숙	• 스캐폴딩(시범) • 선수지식 회상과 연결

11차시는 학생들이 작품과 슬라이드 디자인에 관해 피드백하고 12~14차시까지는 재료와 도구를 이용하여 모둠별 계획에 따라 만드는 작업을 진행합니다. 교사는 순회하며 필요한 부분, 도와줄 부분이 있는지 확인합니다.

❶ 11~14차시 수업 전 준비

다양한 만들기 재료

❷ 11~14차시 교수-학습 지도안

차시	11~14차시	수업형태	오프라인
모형단계	만들기(Making) / 공유하기(Sharing)		
학습목표	11차시: 다른 모둠의 작품 설명을 듣고 피드백할 수 있다. 12~14차시: 메이킹 활동을 통해 프로토타입을 제작할 수 있다. 제작 과정에서 나타나는 문제를 스스로 해결할 수 있다. 메이킹 활동을 통해서 새로운 지식을 구성할 수 있다.		
학습자료	작품 제작에 필요한 관련 재료, 색상지, 다양한 채색 도구, 메이커 일지		

단계	교수-학습활동	학습형태
도입	• 지난 차시에 진행했던 아이디어를 상기 • 재료의 특징과 사용법을 설명 • 포기하지 않고 마지막까지 최선을 다하는 태도의 중요성을 강조	전체활동
전개1	• 모둠별 공유하기(Sharing) 및 피드백 • 프로토타입에 대한 피드백 수용	전체활동
전개2	• 메이킹 활동을 통한 프로토타입 제작 • 구체적인 결과물 창출 → 피드백을 통해서 모형을 발전시킬 수 있다. → 교사는 순회하면서 어려운 문제가 있는지, 질문사항이 있는지 확인한다.	모둠활동

정리	• 성찰일지 작성 • 다음 차시에 이루어질 활동을 안내	전체활동

11~14차시는 오프라인 수업으로 만들기, 공유하기가 진행되었습니다.

11차시는 지난 시간에 제작했던 슬라이드를 다 같이 보면서 모둠별 주제와 진행 과정을 공유하는 것으로 수업을 시작합니다. 타 모둠의 설명을 듣고 학생들이 제작한 슬라이드에 관해 피드백합니다.

12~14차시는 재료와 도구를 이용해 계획에 따라 만드는 작업을 진행합니다. 교사는 순회하며 필요한 부분, 도와줄 부분이 있는지 확인하고 적합한 도구가 있다면 소개하고 활용법을 설명합니다.

❸ 11~14차시 수업 후기

• 오늘 만든 학교 배치도를 우리 학교에서 사용할 수 있을 거 같아요. 학교가 생각보다 복잡하다고 느꼈고 오늘 이 활동을 계기로 학교에 있었는지 몰랐던 곳을 알게 된 곳들이 많아서 배치도를 만들어보지 않았다면 모르고 졸업했겠다는 생각이 들었어요.

• 에너지가 매우 필요했어요. 그러나 작품을 완성하니까 기분이 좋

습니다.

- 재미있었고, 건물을 만들 수 있는 계기가 되어 좋았습니다.
- 만들면서 학교에서 유용하게 사용될 수 있을지 생각해 보았고, 다 만든 후 뿌듯한 감정을 느꼈어요.
- 친구들과 협동한 것이 재미있기도 하고 힘들기도 했어요.
- 생각보다 블록 수업 시간이 긴 시간이 아니라는 것을 느꼈고 실제로 우리 생활에 적용하면 재미있을 것 같다는 생각이 들었습니다.
- 친구들과 노동하며 작품을 만드니 기쁩니다. 작품에 변동사항이 많아 힘들었지만 완성해서 좋았습니다.
- 시간이 더 많았으면 좋았을 것 같습니다.
- 재난 대피도를 학교 지도 붙이기, 벌점, 상점에 대해 작성하기, 시험평가 등에 대해 작성하기, 표지와 내용을 이어 붙이기, 그리고 메모에 들어갈 내용 작성하기를 했습니다. 초반부에 허둥지둥하지 않았다면 디자인에 더 신경 쓸 수 있었을 텐데…. 아쉽습니다.
- 건축물을 만들 때 많은 힘이 들어갔는데 그 경험들도 너무 재미있었다고 생각해서 기억에 남습니다.
- 시각장애인분들에게 조금이나마 편리할 수 있게 해 드릴 수 있을 것 같습니다.

7) 15~16차시(온라인): 개선하기/공유하기

15~16차시는 온라인 수업으로 개선하기, 공유하기, Maker Fair가 이루어집니다. 학생들이 그동안 작업해 왔던 작품을 효과적으로 소개할 수 있도록 지속해서 피드백하며 칭찬과 격려를 통한 허용적인 분위기가 되도록 합니다.

15~16차시 수업의 지향점과 학습자 분석은 다음과 같습니다.

15~16차시 수업 지향점과 학습자 분석

차시	지향점	학습자 분석	적용
15 ~ 16	• 작품을 효과적으로 소개	• 기대와 부담감	• 발표를 준비하는 동안 지속적인 피드백 • 허용적인 분위기와 칭찬

15차시에서 모둠별 피드백했던 내용을 상기하여 적용합니다. 시각화를 위한 회의를 통해 각자의 일을 정하고 실행합니다.

16차시에서는 그동안의 메이커 활동을 거치면서 해왔던 과정들을 소개합니다.

❶ 15~16차시 수업 전 준비

빔 프로젝트

❷ 15~16차시 교수-학습 지도안

차시	15~16 차시	수업형태	온라인
모형단계	개선하기(Improving) / 공유하기(Sharing) / Maker Fair		
학습목표	15차시: 공유하기(Sharing) 단계의 피드백을 반영하여 수정, 보완할 수 있다. 작품에 대한 소개를 시각적으로 표현할 수 있다. 16차시: 최종 완성품들을 Maker Fair를 통해 공유할 수 있다. Maker Fair를 통해 논리적으로 작품을 소개할 수 있다.		
학습자료	컴퓨터, PPT, 메이커 일지		

단계	교수-학습활동	학습형태
도입	• 모둠별 피드백했던 내용들을 상기하도록 안내 • 시각화를 위한 회의를 통해 각자의 할 일을 정하고 실행	모둠활동
개선하기 (15차시)	• 작품의 특징과 장점, 기대효과를 정리 • 모둠별로 발표할 PPT 작성 → 콘텐츠와 레이아웃, 색채 계획을 적용하도록 안내한다.	모둠활동

	• Maker Fair를 위한 작품소개와 홍보를 위한 작업	
Maker Fair (16차시)	• 팀별 완성품 전시 • 각 팀의 완성품에 대한 프레젠테이션 → 모둠별로 대표를 정하여 제작한 작품에 대해 소개한다. • 피드백 주고받기	전체활동
정리	• 최종 피드백 및 정리 • 수업 학습자 최종 성찰일지 작성	전체활동

15차시에서 모든 모둠의 구글 슬라이드의 주소를 공개하고 작품을 만들게 된 과정과 특징과 장점, 기대효과를 정리합니다.

교사는 작품 제작 진행 과정의 흐름이 자연스러운지 확인하고 보완점을 파악하여 피드백합니다.

학생들은 작품의 특징과 장점, 기대효과를 정리하여 시각적으로 표현하는 작업을 합니다. 곧 발표를 앞두고 있으므로 각자의 일에 집중하여 작업하는 모습이 관찰됐습니다.

16차시에서 그동안의 TBMSI의 과정들을 거치면서 해왔던 활동들을 소개했습니다. 발표를 들으면서 학생들의 본인들 작품에 대한 애정과 자부심을 느낄 수 있었습니다.

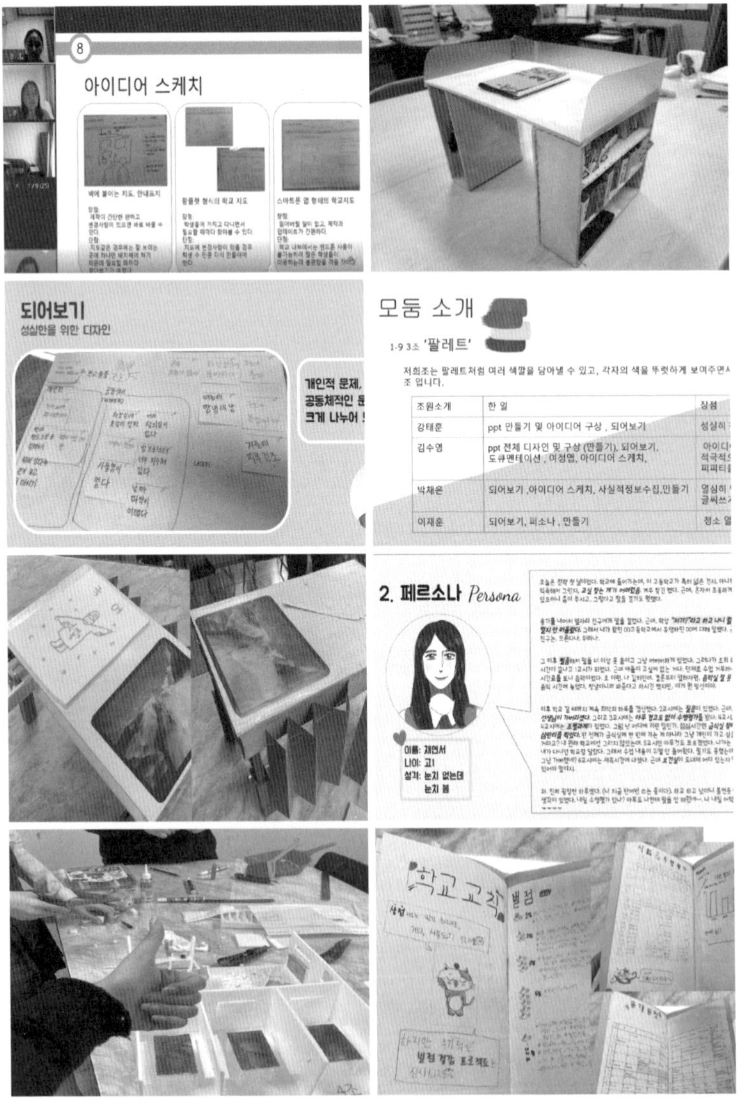

8
아이디어 스케치
되어보기
모둠 소개
1-9 3조 '팔레트'
2. 페르소나 Persona
이름: 채연서
나이: 고1
성격: 눈치 없는데 눈치 봄

최종 발표 내용

❸ 15~16차시 수업 후기

- 이번에 모둠활동을 하면서 제가 몸소 겪었던 어려움들이 많은 도움이 되었습니다. 모두가 자신이 맡을 일에 열심히 참여하여 신속하게 진행되는 모습을 보며 협동심이 중요하다는 것을 다시 한번 느꼈습니다.
- ○○고에 처음 입학했을 때 이동수업 교실이 어디 있는지를 잘 몰라서 당황스러웠던 경험이 있습니다. 그래서 문제 상황에 대해 공감이 많이 되었고 문제 상황을 조원들과 잘 토의해 해결할 수 있어서 다행이라고 생각했습니다.
- 사실 저도 도리(페르소나)처럼 학기 초에 선생님을 찾지 못해 질문드리는 걸 포기했던 경험이 있습니다. 지금도 몇몇 선생님들의 위치를 잘 모르는데, 과목만 기억한다면 바로 선생님을 찾을 수 있어 개인적으로도 편리할 것 같습니다.
- 공감되는 주제인 학교 구조 파악 문제에 대해 해결책을 제시하는 기회를 가질 수 있어서 좋았습니다. 또, 그것을 미적으로 표현하는 과정에서 조원들과 협동하며 '백지장도 맞들면 낫다'는 말의 의미를 몸소 느낄 수 있었습니다.
- 학교에서 한 번이라도 생각해 본 문제점에 대하여 해결책을 찾아볼 수 있었던 의미 있는 시간이었습니다.

- 나의 불편뿐만 아니라 남들이 불편해하는 부분도 고려해보며 하나의 주제를 가지고 작품을 완성하기까지의 협동과 이견 조율을 배웠습니다.
- 나와 또 다른 삶을 사는 사람들을 위해 새롭고 더 나은 환경을 만들어주려 친구들과 협력할 수 있어 좋았어요.
- 평소에 생각해 보지 않은 다른 관점에서 바라보고, 불편한 부분들을 찾는 과정을 진행하면서 다양한 이해가 조금 더 생긴 거 같습니다.

Part 5

TBMSI 메이커교육의 효과

Part 5에서는 실제 수업에

참여한 학생들의 성찰일지와

수업 중 대화 내용을

확인할 수 있습니다.

수업을 마치고 학생들이 작성한 성찰일지를 읽으면서 학생들의 생각과 성장을 조금 더 알 수 있는 소중한 시간을 가졌습니다.

메이커교육 후 그 효과를 공감적 태도, 미적 감수성, 실천 능력으로 구분해 볼 수 있었습니다.

교육 효과를 분석하기 위해 수강생 25명의 성찰일지와 그중 7명과의 심층 면담, 필자의 수업 관찰일지, 학생들의 온라인 게시물 자료, 그리고 수업 촬영과 녹음이 수집되었습니다.

아래의 표는 메이커교육 프로그램의 효과를 검증하기 위한 질적 자료 수집 방법을 담고 있습니다.

수집 방법

수집	설명	횟수	인원
성찰일지	메이킹 활동 과정을 통해 느낀 점, 생각하게 된 점, 배운 점 등을 반 구조화된 양식으로 작성한 일지	수업 별 매회	25명
심층 면담	학습자와 1:1 심층 면담	1회	7명
관찰일지	메이킹 활동 환경에서 학습자 행동과 상호작용을 관찰	수업 별 매회	1명 (필자)

온라인 게시물 자료	학습자들이 모둠별로 메이커 활동을 전개하면서 메이커 활동을 수행하는 과정과 결과물을 게시한 온라인 학습 공간인 구글 슬라이드	3회	25명
수업 활동 촬영	학습자 행동과 상호작용을 관찰	수업 별 매회	25명

15

공감적 태도

1) 타인의 시각으로 상황을 바라봄

예전보다 할 일이 많아진 학생들은 자신과 타인을 돌아볼 여유가 부족합니다. 공감은 타인을 인식하는 것부터 시작합니다. 개개인에 따라 차이가 나지만 고등학생의 대인 감수성과 공감력은 성인과 비교하면 부족한 편입니다. 점차 또래 중심으로 바뀌긴 하지만 아직은 자기중심적인 세계관을 가지고 있기 때문입니다.

많은 학생은 타인의 상황과 생각, 감정에 관해 깊게 생각하지 않고 대화를 시도하거나 요구합니다. 때로는 다른 사람의 말을 경청하려 하지 않고, 자기 말만 하는 실수를 합니다. 이런 대화가 교실 문제로 이어지기도 합니다. 타인의 기분을 파악하고 이해할 수 있는 공감 활동이 필요합니다.

수업 중 대화

학생1: 선생님~ 이것 좀 봐주세요. 이런 경우 어떻게 해야 해요?

교사: 네가 써야 할 문장을 찾은 거니? 이 부분을 어떻게 강조할지 생각….

학생2: (교사와 학생1이 대화 중인데) 선생님! 이거 어때요?

교사: 잠깐만 ○○랑 이야기 끝내고 갈게.

(학생1에게 설명 후 학생2에게 간다.)

교사: ○○야, 왜 불렀니?

학생2: 선생님 저 잘했죠?

교사: 이 부분을 잘했다. 그리고 여기 더….

학생3: (교사와 학생2가 대화 중인데) 선생님, 저 좀 봐주세요~

이처럼 학생들은 교사가 다른 학생과 대화 중인데도 상황과 상관없이 필요할 때마다 교사를 부르는 경우가 많습니다.

'되어 보기' 활동은 집단 내에서 직접적이고 개방적인 경험과 상상을 통해 타인 및 상호관계에 대한 정서와 인지적 민감성을 계발합니다. 타인을 이해하고 수용하며 협동적 발전을 돕는 체험이라 할 수 있습니다.

공감 활동이 이루어지는 메이커교육에 참여한 학습자는 내가 아닌 타인이 처할 수 있는 경험과 환경에 관심을 가지기 시작했습니다.

아래의 사진은 학생들이 '되어 보기' 활동 중 시각장애 체험의 모습입니다.

시각장애 체험 활동

다음은 학습자들의 성찰일지에서 공감적 태도와 관련된 부분을 발췌한 것입니다.

물론 동정, 그리고 불쌍히 여기는 것은 좋지 않지만, 정말 힘들겠다는 생각이 들었어요. 예전에도 영화 등을 보면서 이렇게 재미있는 걸 보기 어려운 사람들은 참 답답하겠다고 생각은 했었어요. 그러나 이 체험을 통해 그보다 더 직면한 문제들로 매우 힘들겠다고 생각하게 되었어요.

- 학생 F의 성찰일지

평소 당연하게 누리던 것들이 없어지니 생각보다 당황스럽고 불편하신 분들의 상황을 더 느끼게 되었어요.

- 학생 M의 성찰일지

시각장애인이 일상생활에서 다양한 불편을 겪는 것을 익히 알고 있었으나, 이 정도로 불편함과 공포를 느낄 줄은 몰랐어요.

- 학생 T의 성찰일지

되어 보기는 이번 수업에서 가장 인상적이고 기억에 남는 활동이었어요. 실제로 다른 사람이 되어 보는 기회는 없었어요. 처음에는 막막했지만 다른 사람의 심정이 처음 와 닿았어요.

- 학생 G와의 심층 면담

'만일 ~라면' 혹은 '마치 ~처럼' 체험하는 활동은 '공감' 또는 '감정 이입'이라는 감성적이고 인지적 체험을 하게 합니다. 활동 후 학습자는 시각장애가 있는 상태로 살아간다는 것이 답답하다는 것은 알고 있었으나 '더 실제로 생각'할 수 있었음을 언급했으며, 다른 학습자들은 '당황스러움과 공포'를 말하고 이를 통해 '불편하신 분들의 상황'을 느낄 수 있었다고 했습니다.

직접 체험하는 과정에서 탐구 학습의 경계를 넘어 다른 사람이 되어 봄으로써 타인의 실제적 입장까지 인지하게 됨을 알 수 있습니다.

신체로 경험한 인식은 말 또는 글을 통한 판단보다 기억에 더 오래 남으며 스스로 구성된 지식으로 남게 됩니다. 학습자들이 '대상의 입장'에서 '느끼게 되었다'라는 표현을 사용한 것을 볼 때, 타인의 관점에서 문제를 바라보는 공감적 태도가 함양되었음을 확인할 수 있습니다.

성찰일지와 심층 면담을 통해 나타난 이러한 학생들 마음의 변화는 자신과 관계없다고 생각해 왔던 상황과 문제로 들어가 보는 경험을 통해 발생하는 인식의 변화를 말해 줍니다.

다음의 성찰일지와 심층 면담의 내용은 학습자가 타인의 입장에 대해 새롭게 인식하게 되면서 나타나는 학습자의 변화된 태도입니다.

눈이 안 보이는 게 그렇게 힘든 건지 몰랐어요. 안대를 쓰고 교실에서 정문까지 다녀왔습니다. 잘한 점은, 정말 불편했지만 고글을 한 번도 안 벗었다는 거예요. 학교나 내 주변에 혹시 눈이 안 보이는 아이가 있으면 도와줄 겁니다.

- 학생 Z의 성찰일지

선생님! 저는 시력이 낮아 장애가 있는 친척 언니와 오빠가 있어요. 저희 ○○가 언니와 오빠를 챙겨주시면서 힘들어하시는 것을 본 적은 있었는데, 직접적으로 어떻게 안 보이는지 알 수는 없잖아요. 이번 체험을 통해서 더 이해할 수 있게 된 것 같아요. 언니를 만날 때마다 저희 ○○가 챙겨주니까 저는 '왜지? 저 정도로 불편할까? 오랫동안 안 보였으므로 익숙해져서 괜찮지 않을까?' 생각했었어요. 이젠 얼마나 불편한지 알았고 더 도와드리고 싶고, 장애가 있는 사람들을 보는 마음도 넓어졌어요.

- 학생 C 인터뷰

학습자 C는 중학교를 갓 졸업한 고등학교 1학년 학생입니다. 청소년 시기에 내가 아닌 타인의 처지에서 대상을 바라보는 것은 매우 어렵습니다. 탈중심화 수준에 도달하는 것은 큰 노력과 높은 도덕성을 요구하기 때문입니다. 그러나 학생 C는 다른 사람의 입장을 체험해봄으로써 타인을 인지하게 되었습니다.

상상은 개개인 사이의 보이지 않는 간격을 상호작용할 수 있도록 하는데, 이것은 학습자마다 다양한 환경, 문화적 배경 등 자신과 타자와의 사이에 있는 간격을 넘어서서 공감할 수 있도록 해줍니다. 즉, 타인의 처지에서 생각할 기회를 제공받는 것은 공감을 경험할 수 있다는 것을 의미하며, 결국 자기 자신의 사고에서 벗어나 타인의 행위에 수용적 태도를 보이게 됩니다.

2) 타인의 감정 인식

상황 카드를 통해 다른 사람이 되어 상상해보고, 모둠별로 서로 의논하여 문제를 정의하고 상황극을 작성했습니다. 그 과정에서 타인에 대한 감정을 인식하고 수용하는 모습이 관찰되었으며, 이타적인 행동을 할 수 있는 동기가 생겼습니다.

상황극을 설정하는 다음 사진은 학생들이 설정한 상황을 주제로 토론하는 모습입니다.

상황극 설정하기

F 모둠 상황극 원고

오늘은 여름 방학이 끝나고 2학기가 시작되는 날이다. 나는 오늘 ○○고등학교로 전학을 왔다. 조회 시간에 담임선생님과 함께 교실에 들어가려고 문을 연 순간 조용해지면서 반 친구들이 모두 나를 쳐다봤다.

나는 자기소개를 할 때 너무 떨려서 말을 더듬었고 제대로 끝마치지 못했다.

내 짝은 인상이 무서워 보여서 내가 먼저 다가가지 못했다.

2학기 시작이라 모두 서로 친할 텐데… 앞으로 학교생활을 어떻게 해야 할지 모르겠다.

저는 상황극을 쓸 때 제가 이 동네에 처음 이사 왔을 때를 떠올렸어요. 제가 전학을 경험한 학생은 아니지만, 초등학교를 다른 곳에서 다녔고 중학교를 이곳으로 왔어요. 대부분 이곳 동네 아이들은 서로 알고 있었어요. 전학을 온 것과 비슷하니까요. 그때를 떠올리며 이야기하고 글을 쓰니까 전학을 온 학생의 마음을 알겠더라고요.

-학생 F의 인터뷰

F 모둠 학생들은 '학기 중에 전학을 와서 적응해야 하는 학생'에 관해 상상하는 과정을 통해 감정을 인식하고 생각을 정리해서 글로 작성했습니다.

한 편의 글을 쓰려면 생각만으로 끝나지 않으며 내적 논리를 갖추게 됩니다. 대상을 선정하고 사회적 맥락에서 이야기 주제를 결정하고 문제의식을 바탕으로 기술합니다. 이러한 활동이 대상의 상황을 더욱 구체적으로 생각하게 하고 공감으로 이어지게 합니다.

다음은 성찰일지와 상황극 작성 수업 중 학습자와 나눈 이야기입니다.

> 시각장애인이 하루에 겪을 만한 상황을 상정해서 시나리오를 작성하는 활동을 통해 대한민국 공공건물이 장애인을 배려하지 않는 방향으로 설계되어 있음을 다시금 알게 되었어요.
>
> **- 학생 T의 성찰일지**

필자는 성찰일지를 확인하기 전 상황극 발표를 통해 '공공건물이 장애인을 배려하지 않는 방향으로 설계되어 있다'는 내용을 들었습니다. 그러나, 학습하지 않은(사실적 정보 수집) 내용이므로 학생에게 질문했습니다.

수업 중 대화

교사: 대상을 생각만 했는데 어떻게 우리나라 공공건물이 장애인을 배려하지 않는다는 것을 알았니?

학생: 시각장애인의 입장으로 하루의 상황을 생각해서 시간의 흐름에 따라 연결해 봤더니 주변의 건물들이 배려하고 있지 않음을 자

연스럽게 알게 되었어요.

직접 글로 써보니 더욱 와 닿았어요. 장애인들을 배려해주고 도와줘야 한다는 사실도 더욱 강조되어 다가왔습니다. 각종 사회적 시설을 확충하는 정도의 지원조차 없으면 장애인들은 일상생활을 영위하기 힘들 것 같아요.

- 학생 P의 성찰일지

학습자 P는 장애가 있으신 분들이 불편함을 느끼는 것을 알고 있었지만 글로 써보니 더욱 와 닿았다고 표현합니다. 타인이 불편을 겪을 수 있는 하루를 상상해보며 타인의 역할을 취해보고 있음을 알 수 있었습니다.

활동 수업의 경우, 보통 분주하게 움직이고 산만한 분위기가 형성되기 쉬운데 생각보다 침착하고 진지하게 참여하는 모습이 관찰됐다. 타인의 상황을 설정해서 스토리를 만들어 서로 이야기하는 과정에서도 열정적으로 의논하는 모습이 보였다. 에너지 넘치는 학생들이 이렇게 열심히 토론하는 모습이 낯설었다. 모둠별 발표의 내용을 통해 다양한 관점으로 페르소나의 입장을 고려했다는 것을 알 수 있었다.

- 교사 수업일지

교사의 수업일지에서 학생들이 타인의 처지에서 고민했으며, 단순히 페르소나를 작성하는 것에서 그치는 것이 아니라 팀원 간의 토론을 통해 타인의 입장과 감정을 인식한 상태의 상황을 바라보고 있음을 확인했습니다.

학습자는 구체적으로 주변의 문제를 발견하고 그 문제들로 불편을 겪을 수 있는 '특정한 대상'의 입장에서 상상해보며 타인의 감정을 이해하는 공감적 태도를 함양할 수 있음을 알 수 있습니다.

상황극 작성은 다른 사람의 세계와 다른 문화의 세계에 들어가 다른 세계를 그 세계에 속한 사람의 관점에서 볼 수 있습니다. 이것은 우리의 경험이 확장되는 것을 의미합니다. 이러한 상상력을 통해 탐구하는 과정에서, 타인과의 만남은 다양성을 인정하고 공동체를 만들며 세상에 대해 널리 깨어 있게 되는 것과 연결됩니다.

3) 정서적 공감

'되어 보기' 활동 후, 학습자들은 장애가 있을 때 혼자서 무엇을 하는 것은 힘들다고 표현했습니다. 누군가는 도와주어야 하며 나는 기꺼이 돕는 사람이 되고 싶다고 말했습니다. 그러나 무조건 돕는 것에 관한 다른 견해를 남학생이 표현했습니다.

수업 중 대화

학생1: 너무 도와주면 자존심 상할 거 같은데….

학생2: 같이 잘 사는 방법 없나….

다음의 수업 중 대화는 시각장애 체험이 표현 활동으로 연계된 경우입니다. 수업 시간의 대화를 통해 학생들의 생각을 알 수 있습니다.

수업 중 대화

교사: 시각장애인과 함께 지내는 건물 디자인이지? 그런데 왜 바닥의 점자블록을 하트 모양으로 했니?

학생: 예쁘죠? 앞이 안 보이면 기능이 중요한데 모양은 중요하지 않았어요. 저희가 그 친구들을 배려한다고 해서 그 친구에게만 좋은 디자인을 하는 것보다 다른 친구들도 생활하면서 아름다움을

느낄 수 있도록 했어요.

교사: 그러네…. 우리는 같이 사니까. 장애인, 비장애인 모두 중요하지.

(시간이 흐름)

다른 모둠 학생: 시각장애가 있는 친구들을 위한 건물이면 엘리베이터를 만들어서 편리하게 사용하도록 하는 것이 좋지. 뭐하러 계단에 손잡이를 만드냐?

학생: 그러면 걔 혼자 가야 하니까. 같이 가야 좋지.

(시간이 흐름)

학생: 선생님! 사실적 정보 수집에서 보니까 태어나면서부터 시각장애가 있는 사람보다 사고 또는 질병으로 장애가 생긴 경우가 많다고 합니다. 저희들은 갑자기 닥친 사고로 장애가 생긴 학생들이 학교에 가기 전 건물을 미리 경험하고 연습하는 복지관을 만들었어요. 그렇게 해야 학교에 가서 당황하지 않죠.

G 모둠의 시각장애 체험 복지관

G 모둠의 시각장애 체험 복지관 사진은 학습자들이 설계한 장애 체험 복지관입니다. 수업 중 교사와 대화했던 학생은 육체의 편안함보다 우리가 함께 있다는 것을 표현하는 것이 더 소중하다고 언급합니다.

필자는 학습자들이 장애 체험을 했으므로, 장애가 있는 사람의 불편함을 해소하는 관점으로만 문제를 해결할 것으로 생각했습니다. 그러나 학생들은 수업을 마치고 성찰일지에서 "친구가 되어주고 싶다." "자세히 설명할 것이다." "도와주고 싶다."라고 표현하는 등 우리가 함께 살아가고 있음을 민감하게 인식하고 있었습니다.

학생들은 디자인을 구상하면서 공감을 기반으로 타인의 필요를 더 생각할 기회를 얻게 됩니다. 또한 서로 자신이 알고 있는 정보, 지식, 기술 등의 의견을 나누며 탐구와 실험이 이루어지는 것을 알 수 있습니다.

전학생은 모든 것에 낯설어하는 것을 고려해, 필요한 정보들이 뭐가 있을지 탐구하여 안내 내용을 구성했어요. 현실에서 전학을 온 친구들의 입장을 공감해 볼 수 있었고, 전학생에게 닥칠 수 있는 문제들에 대해서 생각해 볼 수 있었어요.

- 학생 G의 성찰일지

신입생은 어떤 부서가 어떤 위치에 있는 것보다 어떤 과목을 어떤 선생님이 담당하고, 그 선생님이 어디에 계시는지를 더 궁금해한다는 것을 알게 되었습니다. 선생님별 부서와 위치를 알려주기 위한 디자인을 할 거예요.

- 학생 J의 성찰일지

학습자들은 정서적 공감을 기반으로 타인의 필요에 관해서 고민하며 해결해주고자 노력하는 모습을 보여주고 있습니다. 타인의 필요를 알고 '정보를 미리 탐구'하여 내용을 구성하겠다고 언급하며, 타인이 학교생활을 하면서 '불편하다고 느끼는 부분들을 해결'해주겠다고 말했습니다. 대상을 인식하고 필요를 깊이 탐색했음을 알 수 있습니다.

이처럼 메이커 활동은 문제를 찾고 해결하며 가치를 창조하는 지적 능력을 개발하는 중요한 기회를 제공합니다. 대상에 관한 관심과 관찰의 과정에서 공감적 태도가 함양됩니다.

협동학습 중심으로 설계된 메이커교육은 여럿이 함께 창작하는 과정을 중요시합니다. 혼자서 창작할 때와 여럿이 창작할 때 요구되는 능력은 다릅니다. 타인에 대한 배려, 적극적인 의사소통, 양보와 타협 등이 필요합니다. 필자가 놀랄 만큼 학습자들이 협동하는 모습이 관찰되었습니다.

나의 불편뿐만 아니라 남들이 불편해하는 부분도 고려해보며 하나의 주제를 가지고 작품을 완성하기까지 협동과 이견 조율을 배웠습니다.

- 학생 J의 성찰일지

모둠원들과 함께 문제 해결할 사람에 대해 공감하며 의견을 나누다 보니 의견 통합이 잘 되었고 모두 만족할 수 있는 방향으로 분업화했어요. 또, 협동이 얼마나 큰 영향을 미치는지 알게 되었어요.

- 학생 P의 성찰일지

친구들과 문제점을 찾고 개선안을 탐색하니 새로웠고 앞으로 사회에서의 문제점도 협의를 통해 해결해 나갈 수 있었으면 좋겠어요. 나 말고도 이런 점들을 불편해하는 친구들이 있다는 것에 공감이 되었고 다양하게 불편함을 느낄 수 있음을 알게 되었습니다. 이런 사소한 것들이라도 여럿이서 협동하여 의견을 모으고 아이디어를 내면 실생활의 문제점도 해결할 수 있을 것 같아요.

- 학생 M의 수업 후기

학습자들은 문제를 해결할 대상에 대해 토론하면서 의견을 맞추는 과정을 통해 협동을 배웠다고 표현했습니다. 친구들과 문제점을 찾고 개선안을 탐색하니 새로웠고 앞으로 사회에서의 문제점도 협의를 통해 해결해 나갈 수 있었으면 좋겠다고 언급했습니다.

학습자들은 타인의 정서를 공감하며 타인의 필요를 위한 작품 제작 활동을 하므로, 제작하는 우리도 서로 공감해야 한다고 인지하게 되었습니다. 또한 문제 해결의 과정이 즐거웠으며 다른 문제도 해결할 수 있다는 자신감을 보였습니다.

TBMSI 메이커교육과 그동안 실행했던 만들기 수업의 확연한 차이는 문제를 해결해 가는 협동의 모습에서 나타났습니다. 메이커교육 모둠장이 아이디어 스케치를 잊고 가져오지 않았을 때 모둠원들은 문제

될 것이 없다고 말했습니다.

수업 중 대화

교사: 너희 모둠 어쩌냐~ 지난 시간에 했던 아이디어 스케치가 없네….

학생: 문제 될 것 없어요. 우리는 같이 공감해서 의견을 모으고, 같이 아이디어를 생각해서요~. 서로 다 알고 있어요. 안 봐도 됩니다.

> 미술이 재미있다고 느낀 것은 처음이었어요. 저는 그림을 잘 못 그립니다. 오늘 저희가 만든 청소 리스트가 교실을 깨끗하게 만들어 줄 거 같아요. 친구들과 소통하며 작품을 만드니 기쁩니다.
>
> **- 학생 R의 성찰일지**

학생 R의 경우는 평소에 미술을 좋아하지 않는 학생이었습니다. 그러나 메이커교육은 친구들과 의논하면서 하나씩 만들어가는 과정이 즐거웠으며 미술 시간을 좋아하게 된 것은 처음이라고 표현했습니다. 학생들은 공동의 목표를 향해 서로 도우며 움직이는 모습이 관찰되었습니다.

'내가 만약 ~라면'으로 상상하며 타인이 되어 보는 활동과 사실적 정보 수집은 공감을 기반으로 나도 타인을 위해 도움이 될 수 있다는 소망을 주었습니다. 모둠의 공동목표를 위해 합의를 이루어 가는 과정에서 정서적 공감이 작용한 것으로 판단됩니다.

메이커교육 수업에 참여한 학생들은 자신과 타인을 자연스럽게 이해하게 되고 인정하는 태도를 보였습니다. 특히 함께 학습하는 학생들과 정서적으로 공감했습니다. 이러한 공감은 어렵지 않게 아이디어를 도출하는 단계로 이어졌습니다.

문제 상황을 직접 체험해보면서 이론으로 받아들이는 것보다 깊이 공감하게 되었어요. 또한, 직접 겪어보니 문제 상황에 대한 해결책을 찾아보는 것이 쉬웠던 거 같아요. 나의 삶이나 학교생활에 교훈을 주고 유익하고 재미있었어요.

- 학생 G의 성찰일지

평소에 생각해 보지 않은 다른 관점에서 바라보고, 그 관점에서 바라볼 때마다 불편한 부분들을 찾는 과정을 진행하면서 여러 가지 관점에 대한 이해가 조금 더 생길 거 같아요.

- 학생 Q의 성찰일지

> 조금의 고민으로도 사회를 바꿀 수 있다는 것을 알았어요. 여럿의 의견이 모일 때 더욱 참신한 아이디어가 많이 나오는 거 같아요.
> - 학생 M의 성찰일지

학습자는 체험을 통해 공감하게 되었으므로 문제 상황에 대한 해결책을 생각하기가 쉬웠다고 했습니다. 평소에 생각하지 않았던 관점을 통해 불편한 부분들을 찾아가는 과정을 진행하면서 다양한 관점에 대한 이해가 생겼음을 언급했습니다. 학생 M이 '조금의 고민으로도 사회를 바꿀 수 있다'고 표현한 것으로 볼 때, 모둠의 구성원들이 어렵지 않게 아이디어에 관해 이야기했음을 알 수 있습니다.

메이커교육은 '되어 보기'를 중심으로 다양한 학습의 단계를 거치면서 자연스럽게 아이디어를 도출하여 만들기의 단계로 진입하도록 돕습니다. 이러한 공감에 기반한 아이디어 도출은 인위적인 생각과 행동으로 발생하는 것이 아니라 학습자들의 자발적이며 자연스러운 행동으로 이루어집니다.

이에 학습자의 성찰일지, 심층 면담, 필자의 수업 관찰일지, 온라인 게시물, 수업 중 대화의 내용 분석을 통해 메이킹 활동이 공감적 태도 함양에 효과가 있음을 확인할 수 있었습니다.

16

미적 감수성

미적 감수성은 다양한 대상 및 현상에 대한 지각을 통해 자신의 느낌과 생각을 이해하고 표현하며 미적 경험에 반응하며 미적 가치를 느끼고 내면화할 수 있는 능력입니다(교육부, 2015).

미적 감수성의 함양에 작용하는 영향을 알아보기 위해 미적 감수성의 핵심 개념인 지각, 소통, 연결 능력의 성취기준에 따라 결과를 알아보았습니다.

1) 다양한 감각을 이용한 지각

시각은 일상적으로 당연하게 사용되는 감각입니다. '되어 보기'를 통해 시각을 차단하자 학습자들은 청각과 촉각, 후각에 더욱 집중하는 모습을 보였으며 민감한 감수성을 표현했습니다.

시각장애 체험을 하면서 청각, 후각, 미각, 촉각 등 오감에 대해 더 민감하게 반응했습니다. 민감한 감수성은 풍부한 표현 활동을 가능하도록 데이터를 축적하게 만드는 활동으로 가치를 지니게 됩니다.

수업 중 대화

학생: 선생님! 소리가 진짜 크게 들려요. 친구가 부축해줬어요.

교사: 무사히 도착했구나. 힘들지는 않았니?

학생: (교실 도착 후) 선생님! 무섭고 머리가 어지럽고 그랬어요.

교사: 그랬구나. 괜찮아~ 잘 도착했으니까.

학생: 지팡이가 있으면 더 좋을 줄 알았어요. 그런데 지팡이가 자꾸 땅에 걸려서 넘어질 뻔했어요. 친구들이 부축해줘서 겨우 교문까지 갈 수 있었어요. (친구의 도움 없이 지팡이만 가지고 출발했던 학생)

> 생각보다 앞이 안 보인다는 것이 큰 두려움으로 다가온다는 것을 느꼈어요. 시각장애 체험을 하면서 계단의 마지막 칸을 알지 못하면 갑자기 놀랄 수 있다는 것을 알았어요. 바닥의 굴곡이 훨씬 크게 느껴져요.
>
> - 학생 J의 성찰일지

> 시각을 제외한 나머지 감각을 총동원하여 활동을 수행했어요. 아쉬운 점은 계단을 올라가고 내려갈 때 너무 많은 도움을 받지 않았나 싶습니다. 친구가 말을 해줘서 다행이지만 시각장애인 체험을 하며 다칠까 봐 불안하고 염려스러웠어요.
>
> - 학생 T의 성찰일지

안대를 사용하여 시각을 차단하자 학생들은 촉각과 청각에 더욱 민감하게 반응하는 모습을 보였습니다. 앞이 보이지 않는 것에 대해 두려움과 바닥의 굴곡이 크게 느껴진다고 했으며, 나머지 감각을 총동원했고, 다칠까 봐 염려스러워 친구의 말(소리)에 의지했다고 했습니다. 학교 계단 손잡이의 감촉을 이야기하면서, 학교 건물이 비장애인 중심으로 설계되어 있다고 말했습니다.

미적 감수성의 핵심 개념인 지각의 성취기준 중 몸 전체의 감각을 활용하여 탐색하는 활동은 학습 능력 중 차별화된 감각 사용과 관련이 있습니다. 학생들은 이전에 깊이 생각해 보지 않았던 감각을 새롭게 경험함으로써 민감한 감수성이 함양되었습니다.

미적 감수성을 기르기 위한 출발점은 생활 속의 미적인 요소에 흥미와 관심을 가지고 기초적 미적 지각 능력을 기르는 것입니다(교육부, 2015). 주변을 관찰하는 활동은 느낀 바를 확장해 주거나 더욱 깊이 음미하도록 도와 미적 감수성과 확산적 사고를 할 수 있게 합니다.

우리 주변 환경조형물이 우리에게 전달하고자 하는 것이 무엇인지 생각해 보았어요. ○○역 가는 길 육교 아래에 꽃 모양 구조물이 있는데 삭막한 도시환경 속에서 생기를 주는 요소의 역할을 하는 것 같아요. 집 주변에 보면 민들레 씨가 날아가는 듯한 형상의 환경구조물이 있는데 그것이 무슨 의미가 있는지 궁금해졌어요. 그래서 찾아봤더니 ○○○ 작가의 작품이었어요. 대형으로 제작된 민들레밭을 걷는 사람은 누구나 알 수 있는 민들레라는 소재로 편안함과 함께 《걸리버 여행기》에서 소인이 된 듯한 느낌으로 잠시나마 재미와 휴식을 하도록 표현하였다고 해요. 평소에는 그냥 지나쳤을 텐데 수업을 하면서 이렇게 다시 바라보니 의미가 있는 구조물인 것이 재미있었어요.

- 학생 J의 심층 면담

학생 J는 수업에 참여하며 변화된 자신의 이야기를 했습니다. 학생은 우리 주변의 조형물은 무엇인지, 어떤 모양인지, 어떤 역할을 하는지에 대하여 궁금함을 표현했으며 실제 자료를 찾아 더 깊은 지식을 구성하게 되었습니다.

또한 수업에 참여한 학습자는 구상하는 과정에서 주변의 환경들을 탐색하며 대상을 인식하고 새로운 시각이 열리는 경험을 했습니다.

수업 중 대화: D 모둠

학생: 학교 건물의 사실적 정보 수집을 통해 싱가포르의 마리나 베이 샌즈 호텔의 외양을 보게 되었어요. 보세요! (휴대폰을 검색하여 보여준다.)

교사: 와 멋지다. 어떻게 이런 걸 발견했니?

학생: 사실적 정보 수집에서 검색했어요. 지붕에 배를 이고 있는 듯한 모양이며, 구조가 아주 단순해요. 저희가 만드는 것도 시각장애 학생과 함께 생활할 건물이라서 단순해야 해요.

D 모둠의 학생들은 구조와 형태에 관해 고민하던 중 타 건물의 형태를 지각하고 응용하고자 했음을 알 수 있습니다.

시각장애인들이 구체적으로 어떤 점이 불편했고 그중에서도 어떤 점을 우선순위로 해결해야 하는지를 알게 되었습니다. 아주 단순하게 2층으로 된 구조로, 특별실과 교무실을 전부 2층에 모아 놓아 혼선과 사고가 생길 확률을 줄였습니다. 1층은 1, 2, 3학년별 교실을 길게 3개로 나누어서 놓고, 2층은 전부 특별실을 모아 놓습니다. 건물 위는 산책할 수 있는 정원이 됩니다. 아주 넓은 건물입니다. 특별실을 찾아가는 데 불편함을 줄일 수 있습니다. 또한 시각장애인 반을 입구에 최대한 가까이 배치했습니다.

- D 모둠 온라인 자료

학교 건물디자인

위의 사진은 시각장애가 있는 학생과 함께하는 학교 건물디자인입니다. D 모둠의 학생들은 시각장애 체험을 통해 시각장애가 있는 사람이 되어 보며 구체적으로 어떤 것이 불편했는지 알게 되었으므로 구조를 단순화하는 것으로 의견을 모았다고 언급했습니다. 층을 단순화해야 찾아가기 쉽고 사고의 위험도 줄일 수 있다고 했으며, 사실적 정보 수집을 통해 마리나 베이 샌즈 호텔을 보게 되었다고 했습니다.

디자인하기 전에 다양한 건물디자인을 봤어요. 훈데르트바서의 작품들이 좋았어요. 자연 친화적인 점은 좋지만, 그러나 장애물이 많으면 안전하지 않을 것 같아요. 건물을 볼 때마다 장애인을 위한 배려가 없음이 눈에 들어옵니다. 특히 지하철 같은 공공건물의 설계 미숙을 눈여겨봅니다.

- 학생 T와의 대화

학교에서 불편한 점 중 건물 내부에서 길을 잃는 문제에 대해 생각해 보다가 복잡한 지하철을 떠올리게 되었어요. 지하철은 위치와 가야 할 곳을 색으로 알려주잖아요.

- 학생 S의 성찰일지

지각은 사물을 대상으로 본인의 감각을 활용하여 탐색하고 특징을 발견하는 능력입니다. 학생 T는 훈데르트바서의 작품은 본인이 좋아하는 구조이지만 타인을 위한 디자인이므로 적합하지 않다고 언급했습니다.

학생 S는 지하철의 색을 이야기하며 지금까지 무심히 봐왔던 시각적

이미지들을 본인의 작품과 연결 지어 생각했습니다.

학생들은 발견한 특징들을 다양한 관점으로 바라보았고 탐구를 통해 지각하고 있음을 확인할 수 있었습니다. 이를 통해 미적 감수성이 함양됨을 알 수 있습니다.

다음의 성찰일지는 작품을 제작하면서 생활환경 속에서 디자인을 관찰하게 되었으며 문제점으로 판단한 경우입니다. 그냥 지나치던 것들을 예민하게 인지하고 알아차릴 수 있게 되었다는 것을 보여줍니다.

학교에 안내도가 없다고 생각했는데, 학교에 안내도가 있었다는 사실을 알게 되었어요. 눈에 띄게 효과적으로 디자인이 안 되어서 발견하지 못한 듯합니다.

- 학생 M의 성찰일지

새 학기 아는 사람이 별로 없는 상태에서 선생님에게 질문하기 위해 복도를 돌아다니는 도리(가상 인물)에 공감하여 신입생을 위한 안내도를 복도 곳곳에 배치해야겠다는 생각이 들었어요.

- 학생 J의 성찰일지

저는 한 번도 경험한 적이 없어서…. 생각만 했지 딱히 와 닿은 적은 없었어요. 그런데 붕대를 감고 계단 등을 내려가 보며 위태로운 순간이 많았기에 불편함을 직접

> 느꼈고 학교 구조디자인과 시스템이 아직은 신체적 약자들을 배려하지 못한다고 생각했어요.
>
> - 학생 H의 성찰일지

학생 M은 학교에 안내도가 있었지만 없는 것으로 잘못 알고 안내도를 디자인하려고 했습니다. 자료조사 중 안내도가 로비 중앙에 있는 것을 확인하고 현재 안내도의 문제점을 말했습니다.

학생 J는 선생님에게 질문하고 싶지만 어디에 계신 줄 몰라 힘들었던 경험을 떠올리며 현재 안내도 개선의 필요성을 언급했습니다.

학생 H는 경험을 통해 그동안 생각하지 못했던 건물의 구조를 인지하게 되었습니다.

학습자들은 대상이나 공간과의 상호작용 속에서 민감한 감수성을 보였고, 지각한 내용을 표현하기 위해서 더 주의를 기울여 관찰하고 판단하고 있는 것을 볼 수 있습니다. 활동을 통해 환경을 민감하게 바라보며 인식하고 있으며 환경을 이해하고 해석하고 있으므로 미적 감수성이 함양됨을 알 수 있습니다.

2) 작품을 제작하는 과정으로의 소통

소통은 상상과 지각을 통해 알게 된 내용을 자신만의 새로운 방법으로 표현해 보고, 타인과 이야기하고 공유하는 등의 상호작용을 위해 필요한 능력입니다. 표현 행위는 자기 자신과 사회가 서로 소통하여 드러나는 만남의 표출이라 할 수 있습니다. 학생들은 작품 표현을 통해 소통하고 있습니다.

심층 면담 학생 H

학생: 저는 만들기가 제일 재미있었어요. 아이디어를 실현하는 것이 좋아요.

교사: 만들기를 하면서 제일 신경 썼던 부분은 뭐야?

학생: 배치요. 시선이 먼저 갈 필요가 있는 부분을 신경 썼어요. 우리에게는 과목이 제일 중요하니까 학교 안내 지도도 과목 선생님 중심으로 했으면 좋겠어요. 가독성을 위해 파란색과 노란색을 사용했어요.

학생: 신체적 약자보다는 심리적 약자에 초점을 맞춰 제작했어요. 새 학교에서 새 학기를 맞이하여 긴장감과 압박감이 있을 신입생들 말이에요. 보통 새로운 공간에 첫발을 내디디면 다음은 어디로 가야 할지 몰라요.

우리 학교에는 고양이가 귀여움을 받으면서 사니까 학교를 대표하는 캐릭터를 고양이로 설정해서 그렸어요. 전학생의 위축감을 덜어주기를 원했으므로 밝은 분위기를 주고 싶었어요. ㅇㅇ고에서 유행하는 것들, 수행평가 등에 대한 정보를 작성하여 초기의 혼란과 친구 사귐의 어려움을 해소하고 싶고, 손에 들고 다닐 수 있게 작은 책 형식으로 디자인했어요.

- E 모둠의 모둠장 설명

저희 모둠이 만든 건 무임승차 방지를 위한 청소 완료 보고 표입니다. 청소한 사람들이 청소를 잘했는지 서로서로 판단하게 만들었어요. 쓰레기를 들고 1층까지 갈 때 무겁다는 말들을 했던 것을 고려하여 더욱 쉽게 1층까지 갈 수 있는 카트형 쓰레기통이에요.

- 학생 C의 수업 후기

학생 H는 우리가 심리적 약자에 대해 더 신경 써야 한다고 표현했습니다. 학생들에게 제일 중요한 것은 교과목이고 담당하시는 선생님들인데 모든 학교의 안내도는 위치 중심으로 되어 있으므로, 교과목과 담당 선생님의 이름을 먼저 배치하고 나중에 위치를 보여주는 것이 학생들을 배려한 디자인이라고 했습니다.

E 모둠은 전학생의 위축감을 덜어주기 위해 학교에서 학생들과 함께 지내는 고양이 캐릭터로 표현했다고 했습니다. 또한 학습자들이 가장

중요하게 생각하는 유행과 작게 만들어야 휴대하기 간편하여 활용할 수 있다고 했습니다.

학생 C는 무임승차의 문제점을 해결하기 위해 서로 교차 점검하는 방식의 청소 표를 디자인했으며 청소 당번을 위해 바퀴가 있는 수레 형식의 휴지통 디자인을 제안했습니다.

학생들은 본인이 무엇을 하고 싶은지 혹은 우리가 무엇을 원하고 하고 싶은지를 정확히 알고 있었으며 대상을 관찰하여 객관적인 정보를 얻고 이를 이용하여 자기 생각과 상상을 입혀 작품으로 표현했습니다. 메이커 활동을 통해 민감한 감수성이 지각으로 나타났고 이를 시각화함으로 소통으로써의 표현을 가능하게 했음을 알 수 있습니다.

그러나 학생들은 공유하기 활동에서 언어적 소통인 서로 피드백하는 것을 어려워했습니다. 말을 한마디도 하지 않는 학생, 소극적으로 대화에 참여하는 학생, 자기주장만 많이 하는 학생 등 다양한 유형의 학생이 있었습니다. 결과물을 만들어내기 위해서는 적극적인 소통이 필요했으나 성격과 성향에 따라 다르게 반응했습니다.

심층 인터뷰

학생: 저는 속으로만 생각했었어요. 색이 안 맞아 보이고 칙칙해 보였어요. 종이도 그렇고 . 그러니 협동은 잘되었어요. 발표도 제

가 하고 싶었는데 온라인이라서 어떻게 해야 할지 모르겠고, 그게 제일 아쉬워요.

교사: 선생님이 보니까 이번 발표는 재미있어 보이더라. 다음에는 꼭 시도해봐.

학생: 네.

수업에서 공유하기는 과정을 기록하고 서로 이야기합니다. 다양한 시도와 경험, 과정을 기록하는 활동을 통해 자신의 제작 과정을 반성하고, 다른 작품을 위해 서로 피드백하면서 수정하고 보완하는 시간을 가짐으로써 미적 감수성이 함양됩니다.

다음은 공유하기 활동에서 교사와 학생들의 소통 내용입니다.

수업 중 내용: 모둠 작품 피드백

교사: 서로의 진행 과정을 소개하고 더 좋은 작품이 되기 위해 피드백하겠습니다. 어떻게 하면 ○○ 모둠의 디자인이 더 좋아질까? (주저함. 교사의 시범 스캐폴딩)

학생1: 화면에서 제목을 조금 더 간결하게 줄여 주어야 할 것 같아요.

학생2: PPT 위의 색이 너무 튀는 것 같아요. 사진에 있는 색채 중 하나를 뽑아서 한 가지 색을 결정하여 통일시켜 주었으면 좋겠어요.

학생3: 강조할 부분의 색을 다르게 표현해 주면 좋겠어요. 포인트 색채는 1개만 하고 나머지는 통일했으면 합니다.

수업을 마치고 심층 인터뷰

교사: 우리 피드백했었잖아~ 어땠어?

학생: 우리 모둠 작품의 부족한 부분이 많이 보였어요.

교사: 기분 나쁘거나 그렇지는 않았니?

학생: 전혀 그렇지 않았어요.

교사: 샘이 보니까 '색을 이렇게 바꾸면 좋을 것 같아요… 이건 이렇게요.' 하던데 왜 작품에 관해서는 피드백하지 않았을까?

학생: 작품이 별로라고 생각할 수 있잖아요. 평소에 발표를 잘 안 하니까요. 머릿속으로는 아마 생각하고 있었을 거예요.

학생들은 공유하기를 통해 본인의 모둠에 관하여 이야기하는 것은 즐겁게 표현했으나 수업 시간에 서로의 작품에 대해 피드백하는 것에 주저하는 모습을 보였습니다. 그래서 교사가 먼저 작품을 보며 관찰한 부분에 관해 설명하는 시범을 보여주니 학습자들이 활발하게 시도하기 시작했습니다.

수업 후 인터뷰를 통해 피드백 수업 상황에 관해 질문하자 피드백을 어떻게 하는 것인지 모르겠고, 친구들의 작품에 관하여 판단하는 말을 하기 어렵다고 했습니다. 그러나 마지막 발표할 때 친구들에게 받은 피드백이 도움이 되었으며 참고하여 수정했다고 말했습니다.

소통은 지각을 통해 알게 된 것을 자신의 방법으로 표현해 보고 이것을 사람들과 대화하면서 상호작용하는 것을 말합니다. 본인의 생각을 효과적으로 표현하여 타인과의 소통으로 더욱 균형 잡힌 개인과 전체를 만들어줍니다.

그러나 메이커교육에서 미적 감수성 중 소통하기 부분의 부족함이 발견되었으므로 강화를 위하여 추후 교수-학습 설계를 보완해야 할 필요성이 보입니다.

3) 타 분야와의 연결

연결 능력은 교과 활동에 타 교과의 내용과 방법을 적극적으로 활용하고 자신의 생활과 관련지어 생각하는 능력입니다. 미술과에서는 생활 속에서 미술을 발견하여 자신의 삶과 관련짓고 생활화하는 것을 성취기준으로 삼고 있습니다.

사실적 정보 수집을 할 때 어떻게 해야 하는지 몰라서 선생님께 많이 물어봤던 기억이 나네요. 다른 과목에서도 조사할 때 키워드를 어떤 것으로 쓸 것인지 먼저 생각해 보게 되었어요.
- 학생 F의 성찰일지

이렇게 정보를 깔끔하게 정리하여 표현하는 방식은 다양한 상황에서 쓰일 수 있을 거 같아요. 인포그래픽을 그리거나 수행평가를 할 때 오늘의 경험이 많은 도움이 될 것 같아요. 또, 각자의 역할을 잘 수행해 내는 태도도 내 삶에 많은 도움을 줄 것으로 생각합니다.
- 학생 P의 성찰일지

미술이 사회와 얼마나 다양하고 밀접한 관련이 있는지와 미술로 사람들에게 어떻게 도움을 줄 수 있는지 등을 새롭게 알게 되었고 다양한 것들을 시도해보고 싶다고 느꼈어요.

- 학생 U의 성찰일지

학생들은 자신의 수업을 생활과 관련지어 생각하고 있음을 알 수 있습니다. 수업 중에 배운 지식과 경험을 이용하여 주어진 활동을 해결하고, 수업 이후에는 배운 내용을 활용하여 적용하고 싶다고 표현했습니다.

학생 F는 사실적 정보 수집에 어려움을 겪어 교사에게 질문했던 학생입니다. 학생 F뿐만 아니라 많은 학생이 키워드 검색에 관하여 많은 질문을 했습니다. 이번 경험을 통해 타 교과에서 자료조사 시 키워드를 어떻게 사용해야 하는지 알았으며 응용하겠다고 했습니다.

학생 P는 많은 정보를 정리하고 함축적으로 표현하는 활동을 하며 타 교과의 인포그래픽 수행평가에 응용하여 사용하겠다고 말했습니다.

학생 U는 미술이 우리의 삶과 얼마나 밀접하게 연결되어 있는지 알았으며 기회가 된다면 또 다른 문제 해결을 시도해보고 싶다고 했습니다.

미적 체험의 핵심 개념인 '연결'은 다양한 분야와 미술이 연계되어 있고, 삶의 문제와도 밀접한 연관성이 있다는 것을 중요시합니다. 학생들은 생활 속에서 미술을 발견하여 자신의 삶과 관련지을 수 있음을 말하고 있습니다. 학습자가 삶을 살아가며 사회·문화적 의미, 인간에게 미치는 정서를 연결하여 판단하는 능력을 의미하므로 미적 감수성 중 연결의 능력이 함양됨을 알 수 있습니다.

이에 학습자의 성찰일지, 심층 면담, 필자의 관찰일지, 온라인 게시물, 수업 중 대화의 내용 분석을 통해 메이킹 활동이 미적 감수성 함양에 효과가 있음을 확인할 수 있었습니다.

17

실천 능력 함양

실천 능력은 문제 해결을 위해 사고하고 계획 따위를 실제 행동으로 옮기는 힘의 정도와 수준으로 볼 수 있습니다.

메이커교육은 실생활과 연관된 실제적인 과제를 관심 지식으로 반영하여 해결합니다. 학습자들이 익히는 개념이나 기술은 매우 구체적이며 실천적인 이해와 지식이 될 수 있습니다. 이러한 교육적 효과는 학습자의 삶과 연결된 실생활 기반에 영향을 줍니다.

1) 메이킹 과정을 통한 사고

실천이란 단순히 행동만을 지칭하는 용어가 아니라 생각한 바를 행동으로 옮기는 것을 의미합니다. 학생은 수업 중 교사와의 대화에서 본인에게 일어난 사고의 변화에 관해 말합니다.

학생과의 대화에서 실천 능력과 관련된 내용은 다음과 같습니다.

수업 중 대화: 학생 T

교사: 그래서… 작품 제작하면서 너에게 어떤 변화가 생겼니?

학생: 선생님, 저는 없던 사고가 생겼어요. 이전에는 사회적 약자에 관한 생각 자체가 없었고, 생각해 볼 기회도 없었습니다. 제 진로가 이쪽이랑은 달라요. 그러나 사회 구성원으로서 제가 할 수 있는 건 약자들에 관한 관심을 놓지 않는 것이라고 생각해요.

학생 T는 '사회적 약자에 대한 관심'이 증대되었음을 언급했고, 이를 해결하기 위한 수단으로 관심을 꾸준히 두겠다고 했습니다. 사고하는 것은 행동으로 이어질 수 있는 첫 과정입니다. 해결해야 하는 문제는 무엇이고, 이 문제는 나와 타인, 사회에 어떤 영향을 미치는지, 그리고 해결되지 않았을 때는 어떠한 영향을 미치는지 등 학습자들은 다양한 생각을 하고 있습니다. 이를 통해 실천을 위한 사고력이 함양되었음을 하인할 수 있습니다.

위의 결과에 관한 내용을 학생들의 성찰일지 내용을 통해 다시 확인하고자 합니다. 학습자의 성찰일지 내용을 살펴보면 다음과 같습니다.

3월에 신입생으로 처음 등교했을 때 전학생의 심정처럼 학교가 낯설고 각각 특별실을 찾는 데 어려움을 느꼈던 것이 떠오르면서 문제 상황이라고 생각했어요.

- 학생 G의 성찰일지

학교에 존재할 수 있는 다양한 일들과 그 문제점으로 인해 생기는 학생들의 불편함을 해결하기 위해 처음으로 해결 방안을 생각해 봤습니다. 학교의 지리와 선생님을 잘 알지 못해 발생하는 불편한 점을 발견했어요.

- 학생 N의 성찰일지

시각장애인이 눈이 안 보이기 때문에 오는 불편함 그리고 학교 구조의 불편함에 대한 것이 가장 기억에 남았어요. 시각장애인이 소수라 해도 그들에 대한 배려를 너무 안 했다는 생각이 들었어요. 미술과 사회가 함께하는 경우를 알게 되어 신기했고 앞으로도 이러한 수업을 계속 듣고 발전해 나가고 싶어요.

- 학생 E의 성찰일지

학생 G는 수업에 참여하며 이전에 느꼈던 어려움이 '떠오르면서'라고 언급했습니다.

학생 N은 학생들의 불편함을 해결하기 위해 '처음으로 해결방안을 생각'했다고 말했습니다.

많은 학습자들은 학교생활에서의 불편한 점은 인지하고 있었으나 문제점이라는 인식과 그것을 해결하는 방안에 대해서는 모르고 있었습니다. 그러나 메이커 수업에 참여하면서 해결해야 할 문제점으로 인식했으며 이 기회를 계기로 주변을 돌아보고 문제에 대해 탐색하고 싶다는 의지를 보였습니다. 우리 사회에 관한 관심이 증대되었음은 물론 문제 해결에 대한 실천 의지가 향상되었음을 확인할 수 있습니다.

학생들은 메이킹 과정에서 실패를 경험하며 사고하고 있습니다. 실패를 통한 반성적 사고는 문제를 인식하는 과정입니다. 학습자가 작품을 마주하며 불확정적인 상황에 놓이는 것을 의미합니다.

> 한 가지 주제를 가지고 무엇인가를 만들려면 많은 것들을 알아야 하고 소개할 수 있어야 제대로 된 결과물을 만들 수 있다는 걸 알게 되었어요. PPT를 만드는 데 사진 넣고 애들이랑 이야기하고 했지만, 더 할 게 많았는데 잘못한 것 같아서 아쉬워요.
>
> **- 학생 U의 성찰일지**

인터넷에서 자료들을 살펴보았는데… 그런데 좀 깔끔하게 작업을 끝내지 못했어요. 앞으로 모둠별 과제를 할 때 좀 더 유용한 과제 해결 방법을 알고 상황을 유연하게 풀어나갈 수 있을 거 같아요.

- 학생 Q의 성찰일지

안내 책자에 그림을 그려서 학교를 소개하고, 학교의 교실과 특별실 등 여러 가지를 소개했어요. 그러나 친구들과 함께 책자를 만들면서 도안을 많이 바꿔서 완성도가 높게 나오지 못해서 아쉬워요. 시간을 잘 계산해야 할 것 같아요.

- 학생 G의 성찰일지

결과물을 만들면서 실패의 경험을 통해 학습자는 다양한 준비가 필요함을 알았으며 생각이 정립되어야 함을 느꼈습니다. 학습자의 반성적 사고가 활발히 작용하는 상황은 명확한 답을 위해 스스로를 돌아보며 탐구하고 문제점을 발견하는 것입니다. 학습자들은 이번에 알게 된 것을 계기로 다음에는 더 잘하겠다고 다짐하는 의지를 보였습니다.

메이커교육을 통해 실패로만 머무르는 것이 아니라 미래 행동을 위한 과정으로 이어졌음을 확인할 수 있습니다.

또한 학습자들은 기대를 표현하는 것으로 사고하고 있음을 알 수 있습니다. 기대란 어떤 대상에 대하여 집단 또는 개인이 갖는 욕구와 의견을 말합니다. 즉 반응을 위한 감정적인 준비 상태입니다.

> 실제로 이 결과물을 학교 게시판에 부착해서 사용할 수 있으리라 생각해요. 선생님의 위치뿐만 아니라 다른 건물의 다양한 구조를 표현할 수 있어요.
>
> - 학생 P의 성찰일지

> 이렇게 사소한 것들도 친구들과 함께 의견을 모아 개선할 수 있다면 좋겠어요. 힘들었던 점은 없었고 오프라인 수업이 기대됩니다. 실제로 우리가 세운 계획과 설계가 이루어지면 좋겠어요.
>
> - 학생 M의 성찰일지

> 비대면이지만 조원들끼리 이견 조율이 생각보다 잘 되어서 놀라웠어요. 그리고 다음 주에 결과물을 제작하여 PPT의 마지막 부분을 채울 생각을 하니 기대가 됩니다.
>
> - 학생 S의 성찰일지

성찰일지의 내용 중에서 학습자들이 가장 많이 표현했던 것은 작품에 대한 '기대'였습니다. 학생 P는 본인 모둠의 작품이 실현 가능성이 있음을 이야기하면서 기대를 표현했고, 학생 M은 모둠이 제작한 디자인이 학교에 적용되기를 기대하고 있습니다.

기대를 표현한다는 것은 작품 제작 과정에 나타나는 즐거움과 자신감입니다. 기대는 미래 성과의 수준과 동기에 영향을 미치며 행동에 대해 심리적으로 영향을 주는 요소가 될 수 있습니다. 앞으로 어떻게 행동을 할 것인지 말해 준다고 볼 수 있으며 실천 의지가 향상됨을 확인할 수 있습니다.

2) 협력적 문제 해결

문제 해결은 실제 변화를 끌어내는 창의적인 해결책을 제시하는 것입니다. 학생에게 자율성이 부여된 수업구조는 학습자들이 스스로 메이킹 활동에 몰입할 수 있도록 안내하며 이 과정에서 학습자들 간의 지식, 정보의 탐색과 공유 그리고 공동의 문제 해결 활동을 강화합니다.

친구들과 협력하면서 구글 슬라이드를 작성해 보며 다 같이 문제 상황을 해결해 나갔어요. 이렇게 협력하는 활동을 통해 배운 점을 나의 삶이나 학교에서 적용하고 싶어요.

- 학생 G의 성찰일지

협력의 중요성에 대해서 느꼈습니다. 나 혼자라면 절대 못 해냈을 일을 친구들과 함께하니 능률도 오르고 자료의 질도 좋아졌어요. 사공이 많으면 배가 산으로 갈 줄 알았는데, 배가 더 빠르게 나아갔습니다. '백지장도 맞들면 낫다'는 말을 실감했어요.

- 학생 P의 성찰일지

교실의 청소 문제를 해결하기 위해 같은 모둠 친구들끼리 여러 방법을 찾아보았어요. 모둠 친구들과 의견을 모으고 협력해서 완성해 나간다는 게 뿌듯하고 재미있었어요.

- 학생 L의 성찰일지

나와 또 다른 삶을 사는 사람들을 위해 새롭고 더 나은 환경을 만들어주려고 친구들과 협력할 수 있어 좋았어요.

- 학생 O의 성찰일지

학습자들은 모둠 친구들과 함께 타인을 위해 문제를 해결하는 과정이 즐거웠음을 표현했습니다.

학생 P는 혼자라면 어려웠을 일을 함께하니 효율적이었다고 했고, 학생 L과 O 또한 친구들과 의견을 모아서 협력하는 것이 즐거웠다고 말했습니다.

협업은 어려운 것을 도전하게 할 뿐만 아니라 자신을 객관적으로 보게 하고, 부족한 부분은 다른 친구의 도움을 받음으로써 자기 자신도 더 성장할 수 있습니다. 학습자는 동료 학습자들과 협력을 통해 함께 만들어가고 성장하는 사회적 경험을 하게 되고, 자기 결과물이 의미 있게 사용되기를 희망하게 됩니다.

학습자는 협력의 즐거움을 알게 됐으며 문제 해결에 관한 관심과 작품을 완성해 나가는 실천 의지가 향상되었음을 확인할 수 있습니다.

만들기 과정

능동적인 제작 능력은 다양한 가능성과 수단을 적극적으로 탐색하여 실제로 제작할 수 있는 능력을 말합니다.

다음의 성찰일지를 통해서 학생들이 능동적으로 실행하고 있음을 확인할 수 있습니다.

미술실에 있는 다양한 도구들의 사용법과 이것으로 뭘 잘 표현할 수 있는지를 알게 되었어요. 우리가 만든 수레와 표를 실제로 청소할 때 사용하면 좋을 것 같아요. 생각보다 3시간이 긴 시간이 아니라는 걸 느꼈고 우리의 결과물을 우리 생활에 적용하면 재미있을 것 같다는 생각이 들었어요.

- 학생 K의 성찰일지

우드락 자르는 방법에 대해 알게 되었어요. 처음엔 무서웠는데 열선을 이용해서 우드락을 쉽게 자를 수 있는 것이 신기하고 재미있었어요.

- 학생 Y의 성찰일지

나의 아이디어를 직접 실현하는 것은 좋은 기회라고 생각해요. 아이디어를 표현하는 것을 어렵게 생각했는데 생각보다 수월했어요. 이번에 만든 책자를 실제로 만들어서 ○○고 전용 책자가 되었으면 좋겠어요.

- 학생 D의 성찰일지

학교생활을 하는데 필요한 것들을 만들었어요. 이러한 활동을 함으로써 학교가 전보다 더 발전할 수 있을 것 같아요. 학교에서 유용하게 사용될 수 있을지 생각해 보았고, 다 만든 후 뿌듯한 감정을 느꼈어요.

- 학생 W의 성찰일지

학습자들은 다양한 도구를 사용하는 것이 즐거웠으며 시간 가는 줄 모르고 작업했다고 표현하고 있습니다. 제작하는 과정을 통해 작품과 직접 만나고 다른 사람들과 의견들을 공유하면서 자발성의 힘이 생겼음을 알 수 있습니다.

이것은 스스로 선택하고 선택한 것을 실행하는 지점이며, 주체적으로 시도하고 지속해서 대화하여 진지하게 참여했음을 말합니다. 복합적인 문제들을 창의적이고 능동적으로 해결해 나가는 실천 의지가 향상되었음을 확인할 수 있었습니다.

3) 삶을 살아가는 태도의 변화

학생들은 메이커 수업에서 사회 문제에 대해 생각해 보고 직접 만들기를 통해 참여함으로써 사회발전에 참여하는 체인지 메이커로 성장했습니다. 메이커 수업은 인간의 삶과 관련된 실천적 문제를 교과 내용으로 하기에 자신의 생활을 변화시키고 사회를 변화시키는 행동에 참여할 수 있도록 동기를 유발합니다.

수업 중 작품에 관해 학생 E와 대화

학생: 복지 시설 같은 것이 부족하다고 생각했어요. 학교에서 교과서로만 배웠는데 직접 만들어 보니까 사회적으로 장애인을 위한 시설이 더 많아져야 한다는 생각이 들었어요. 이것을 하면서 시각장애에 관하여 검색을 많이 했는데 인터넷에 올라와 있는 글을 보니, 어떤 시설이 있냐는 질문이 많았어요. 생각보다 대안이 없구나. 사람들은 잘 모르는구나. 이런 것을 써야 하는데…. 나중에 도와주고 싶어요.

수업 중 대화에서 학생은 사실적 정보 수집을 위해 검색하게 되었으나, 인터넷에 올린 질문을 읽게 되면서 사람들이 생각보다 복지에 관해 잘 모르고 있다는 사실을 알게 되었다고 했습니다. 필요로 하는 사람들이 많으므로 나중에 학교를 졸업하면 사회를 변화시키는 일에 참여하여 도움이 되고 싶다고 말했습니다.

위의 결과에 관한 내용을 학습자들의 성찰일지 내용을 통해 다시 한 번 확인할 수 있습니다.

시각장애인이 공공장소 등 시끄러운 공간에서 길을 찾기 힘든 것처럼 보일 때, 그 분의 동의를 얻고 내가 그분을 돕는 것으로 실천할 수 있을 것 같아요.

- 학생 T의 성찰일지

걷기 힘들거나 눈이 잘 보이지 않는 사람을 도와주어야겠다고 생각하지만 말고 직접 행동으로 도와주어야겠다고 생각했어요. 직접 체험해보면서 힘들고 불편한 점이 많았지만, 그 사람의 입장이 되어 많은 것을 느낀 시간이었어요.

- 학생 B의 성찰일지

다리며 눈이 불편한 사람들이 얼마나 힘든지 확 와 닿았어요. 얼마나 힘들지 내가 함부로 가늠했다는 사실에 죄송스러운 마음이 듭니다. 혹여나 눈, 다리 외에도 아픈 사람이 있다면 그 사람의 도우미가 되어줘야 함을 느꼈어요. 함부로 그들을 외면하지 말고 기꺼이 친절히 도와주겠다고 다짐해봅니다.

- 학생 D의 성찰일지

> 물론 책자도 좋지만 어떤 사람이 혹은 전학생, 신입생이 온다면 그 사람이 위축되지 않도록 먼저 말을 걸어 주고 장소를 소개해주려고 해요.
> - 학생 F의 성찰일지

학생 E는 우리 사회가 소수를 향해 배려하는 마음이 적었으며 도와주는 역할을 하고 싶다고 했고, 학생 T는 주변에서 힘든 사람을 보면 동의를 얻고 돕는 것으로 실천하고 싶다고 표현했습니다.

학생 B는 생각만 하지 않고 직접 행동으로 보여주겠다고 했으며, 학생 D와 F 또한 약자에 대해 외면하지 않고 기꺼이 도와주고 위축되지 않도록 먼저 말을 걸어 주겠다고 했습니다.

학생들은 사회 문제에 대한 관심이 증대되었음을 말했으며 이를 해결하기 위한 수단으로써 본인이 할 수 있는 일에 대해 의지를 보여주었습니다.

실천 능력은 개인적 차원을 넘어선 것으로 사회 변화의 가능성까지 목표 지점으로 두고 있습니다. 학습자들은 메이커교육 프로그램을 통해 사회에서 일어나는 문제에 관심을 두고 변화를 위한 의지를 표현한 것으로 볼 때 실천적 의지가 향상되었음을 대화와 성찰일지를 통해 알 수 있었습니다.

이상으로 학습자의 성찰일지, 심층 면담, 필자의 관찰일지, 온라인 게시물, 수업 중 대화의 내용 분석을 통해 메이킹 활동이 실천 능력 함양에 효과가 있음을 확인할 수 있었습니다.

에필로그

메이커교육 수업을 마치며

TBMSI 메이커교육은 맥신 그린의 심미 교육의 관점으로 공감과 실천을 강조한 '되어 보기'를 반영하여 개발된 교육 프로그램입니다.

수업을 진행하며 학생들이 성장하는 것을 보는 것이 큰 기쁨이기도 했지만, 교육에 부족한 부분도 있었습니다. 피드백 시간에 타 모둠의 작품을 보며 표현하는 과정에서 주저하는 모습이 보였기 때문입니다. 교사가 먼저 스캐폴딩으로 생각을 이야기하고 제안하는 모습을 보여주자 학생들이 조심스럽게 시도하기 시작했습니다.

수업 후 인터뷰를 통해 피드백 수업 상황에 관해 물었더니, 친구들의 작품에 관해 판단하는 말을 하기 어려웠었다는 답변을 들었습니다. 이러한 결과는 자기 생각을 상대에게 기분 상하지 않게 표현하는 것이 미숙하거나, 너무 배려하는 우리나라의 문화가 작용했을까요? 어쨌든 서로를 존중하며 의사소통하는 방법은 배워야겠지요.

소통은 지각을 통해 알게 된 것을 자신의 방법으로 다양하게 표현해 보고 이것을 타인과 대화하면서 상호작용하는 것을 말합니다. 본인의 생각을 효과적으로 표현하여 타인과의 소통으로 창의성과 비판적인 사고력을 기르고, 더욱 균형 잡힌 개인과 전체를 만들어주도록 해야 할 필요가 있음을 느끼는 순간이었습니다.

추후 이러한 역량까지 함양할 수 있는 더 진화된 메이커교육 프로그램이 개발되기를 희망합니다.

부록 ❶

미로(Miro) 프로그램

미로는 온라인 기반의 협업 플랫폼입니다. 다수의 사람이 디지털 화이트보드에 모여 브레인스토밍, 기획, 디자인 등 다양한 협업이 이루어질 수 있도록 도와줍니다. (자료 출처: https://miro-kr.com/)

1) 팀과의 공동 작업

서로 다른 공간에 있는 팀원들이 한곳에 모여 업무를 진행하는 것에 용이합니다. 언제 어디서든 팀 공동 작업에 접속하고 참여하여 의견을 남길 수 있습니다. 무한 확장되는 디지털 캔버스에서 서로 다른 공간에 있는 팀원들과 함께 브레인스토밍, 부서 간 협업, 복잡한 프로젝트 관리를 진행할 수 있습니다.

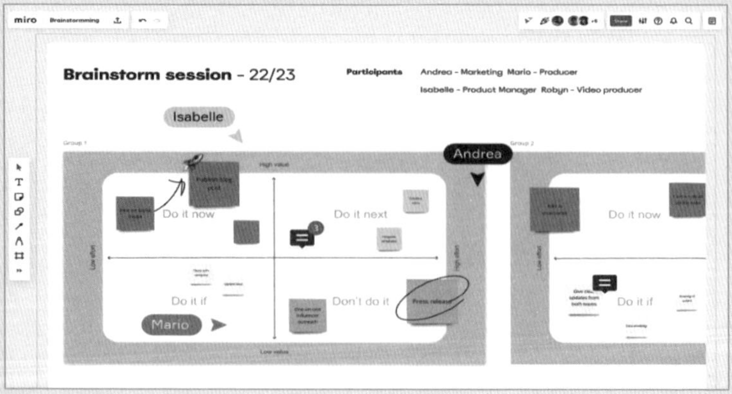

2) 업무의 시각화

업무의 우선순위 수립, 다양한 이견 조율 등을 위해 업무를 시각화하는 것은 탄력적 조직에서 매우 중요한 사안입니다. 칸반 보드, 프로세스 플로우, 타임라인 등 다양한 템플릿을 활용하여 더 쉽고 효율적으로 프로젝트를 진행하여 최상의 결과를 얻을 수 있습니다.

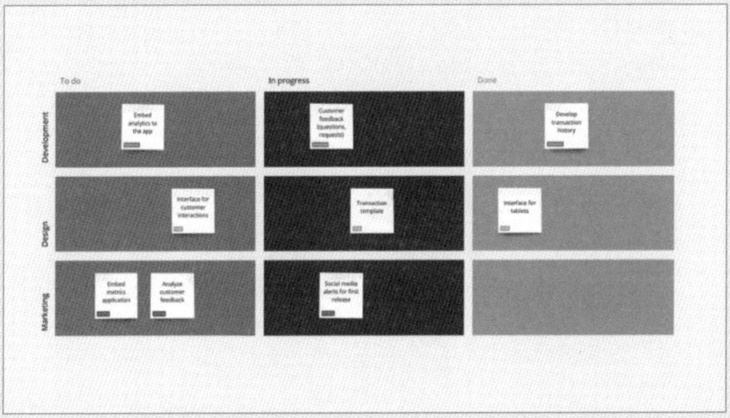

3) 아이디어 도출

미로를 사용하면 원격으로 브레인스토밍 작업을 진행할 수 있습니다. 온라인 화이트보드에서 사전 제작된 템플릿, 디지털 포스트잇, 온라인에 넘쳐나는 다양한 소스를 활용하여 아이디어를 창발해 낼 수 있습니다.

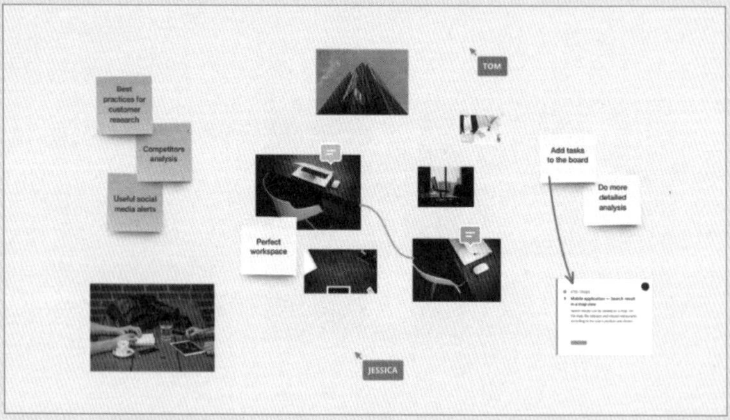

사용 방법

① 사이트(https://miro.com/)를 엽니다. 회원 가입 절차가 정말 간단합니다. 이름, 이메일, 비밀번호만 작성하면 됩니다. 또는 구글 계정으로 가입할 수 있습니다.

무료 버전은 보드를 3개까지 사용할 수 있습니다. 캔버스 화면이 넓으므로 1개로도 여러 학급을 한꺼번에 사용할 수 있습니다.

❷ 다양한 템플릿이 보입니다. New Board를 누르면 다음과 같은 안내가 나옵니다

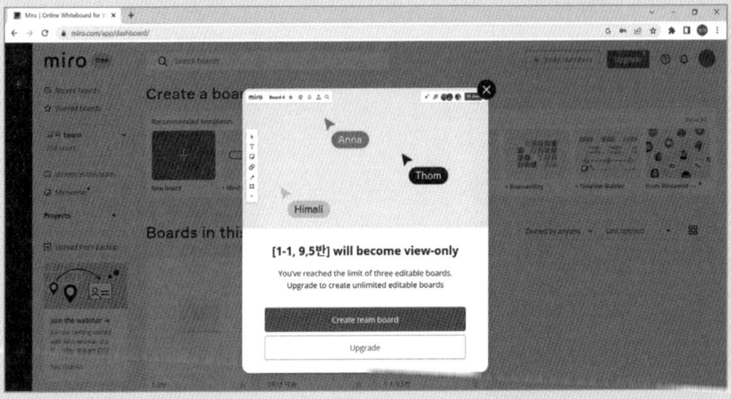

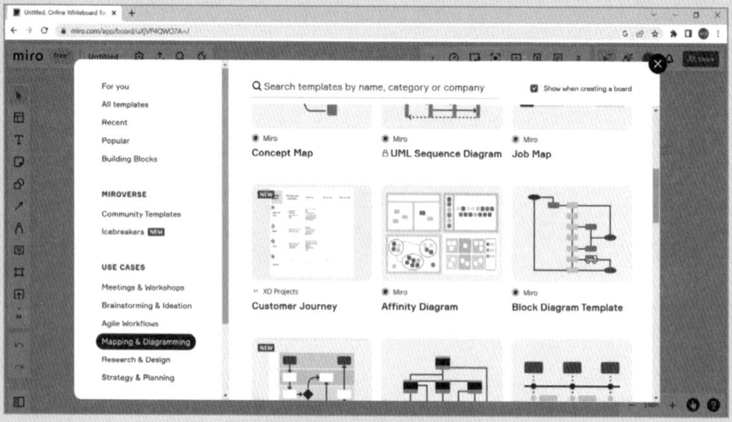

다양한 템플릿이 보입니다. 원하는 템플릿을 선택하면 됩니다. 마우스 오버를 하면 Preview 버튼이 있어 미리 볼 수 있습니다.

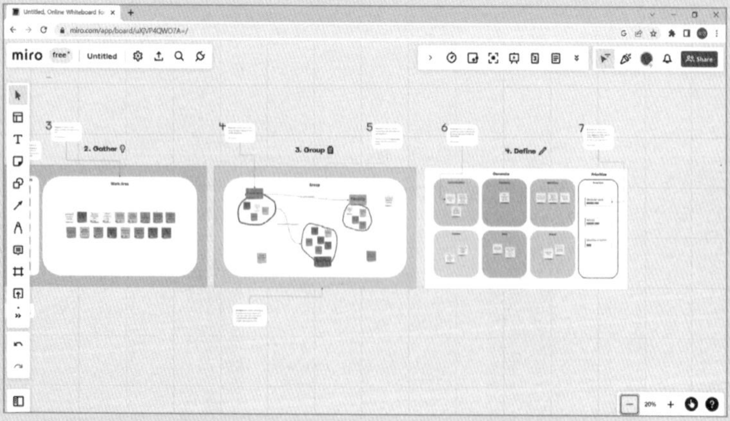

저는 학생들과 발상하기 작업을 원했기에 Affinity Diagram을 선

택했습니다. 미리 세팅되어 있는 모습을 볼 수 있습니다. 선생님과 학생들이 원하는 레이아웃으로 변경하여 사용해도 되고, 빈 페이지에 왼쪽 메뉴를 이용하여 그려 넣어도 됩니다.

부록 ②

수업 활동지

성찰일지

-날짜: -학번: -이름:

1. 오늘 활동 중 알고 있었지만 새롭게 다가왔거나 새롭게 알게 된 점은 무엇인가요?
2. 내가 한 일을 자세히 적어보고 잘한 점과 아쉬운 점은 무엇인가요?
3. 오늘 활동을 나의 삶이나 학교에서 적용한다면?
4. 수업시간 동안 느낀 점과 생각한 점은 무엇인가요?

■ 여정 맵

되어보기 _ 여정맵　　　　학년　　반　　　　모둠명:

여정맵- 세로선을 그리면서 구역을 나누어 봅니다.		
타이틀	예)등교	
상황 설명	등교 설명	
장소	정문	
감정얼굴		

■ 모둠별 활동지

미술, 사회와 함께하다. (만들기_ 모둠활동지)　　　　학년　　　반　　　　모둠명:

학습목표: 다른 사람의 의견을 경청할 수 있다. 아이디어를 선택하고 적합한 재료를 생각할 수 있다.

주제	를 위한 디자인	
아이디어 스케치		- 개인이 스케치한 것 중 1개를 선택하세요. - 선생님과 상의 후 제작하세요. - 분업화하여 시간을 효율적으로 사용해 주세요 - 도큐멘테이션은 조원들의 스케치를 모두 찍어 주세요.
		▶필요한 재료: ▶별도 준비할 재료:
		▶유의사항:

참고문헌

- 강인애. (1998). 구성주의적 교수-학습의 원리와 적용. 교육이론과 실천, 8(1), pp. 23-49.
- 강인애, 김명기. (2017). 메이커 활동(Maker Activity)의 초등학교 수업 적용 가능성 및 교육적 가치 탐색. 학습자중심교과교육연구, 17, pp. 487-515.
- 강인애, 김양수, 윤혜진. (2017). 메이커교육을 통한 기업가정신 함양: 대학교 사례연구. 한국융합학회논문지, 8(7), pp. 253-264.
- 강인애, 김홍순. (2017). 메이커교육(Maker education)을 통한 메이커 정신(Maker mindset)의 가치 탐색. 한국콘텐츠학회논문지, 17(10), pp. 250-267.
- 강인애, 윤혜진, 정다애, 강은성. (2019). 메이커교육의 이론과 실천. 서울: 내하출판사.

- 강은성. (2017). 메이커교육 아웃리치 프로그램을 통한 교육적 효과: 자유학 기 활동 사례를 중심으로(박사학위). 경희대학교, 서울.
- 김경자, 곽상훈, 백남진, 송호현, 온정덕, 이승미, …, 홍은숙. (2015). 2015 개정 교육과정 총론 시안(최종안) 개발 연구. 교육부 국가 교육과정 개정 연구위원회.
- 김샛별. (2019). 고등학교 가정과 메이커교육 프로그램 개발과 평가: '한복과 창의적인 의생활' 내용 요소를 중심으로(박사학위). 한국교원대학교.
- 교육부. (2015). 초·중등학교 교육과정 총론. 제2015-74호 [별책 1], 교육부.
- 교육부. (2015d). 초·중등학교 교육과정 총론. 교육부 고시 제2015-80호 [별책 1], 교육부.
- 교육부. (2014c). 2015 문·이과 통합형 교육과정의 총론 주요 사항 발표, (2014.9.24). 교육부.
- 교육부. (2015f). 사회과 교육과정. 교육부 고시 제2015-74호 [별책 7], (2015.9.23). 교육부.
- 이동국. (2019). 학교 메이커스페이스 및 메이커교육 설계원리 개발 연구(국내박사학위), 한국교원대학교.
- 이승철, 이샛별, 김태영. (2017). 초등학생의 소프트웨어 교육을 위한 디자인 사고

기반 메이커교육 프로그램 개발, 한국컴퓨터교육학회, 21(2), pp. 32-34.

- 이재호, 장준형. (2017). 과학영재용 소프트웨어 코딩기반 메이커교육 프로그램의 개발. 영재교육연구, 27(3), pp. 331-348.
- 이재호, 하희정. (2016). SW 코딩기반 메이커교육용 교수-학습모형의 효과성 검증, 창의정보문화연구, 2(2), pp. 49-61.
- 오보영, 문철. (2015). 디자인사고(Design Thinking) 과정을 적용한 고등학교 디자인수업 모형 연구. 기초조형학연구, 16(6), pp. 297-308.
- 오보영. (2021). 심미적 감성 역량 기반의 메이커교육 프로그램 효과 연구(박사학위), 홍익대학교.
- 오보영, 김현석. (2023). 메이커교육에서 TBMSI 모형의 가능성 탐색: 중등교육 사례를 중심으로. 학습자중심교과교육학회. 22(24), pp. 949-966.
- 윤혜진. (2018). 디자인 사고 기반 메이커교육 모형 개발(박사학위), 경희대학교.
- 윤혜진, 강인애, 강은성. (2019). 메이커교육 아웃리치 프로그램 사례: 메이커 정신 함양을 중심으로. 교육공학연구. 35(2), pp. 365-393.
- 정혜미. (2018). 뮤지엄을 활용한 메이커교육 프로그램 개발(석사학위). 서울교육대학교.

- 최민준. (2019). 메이커교육을 통한 공동체역량 증진방안 연구: 유니버설 디자인을 중심으로(석사학위). 서울교육대학교.
- 황중원, 강인애, 김홍순. (2016). 메이커 페다고지(Maker Pedagogy)로서 TMSI의 가능성 탐색: 고등학교 사례를 중심으로. 한국교육공학학회, 추계학술대회 논문지, pp. 169-170.
- 한국과학창의재단. (2016). 메이커 운동 활성화 방안 연구. 서울: 한국과학창의재단.

Reference

- Bevan, B., Gutwill, J. P., Petrich, M. & Winlkenson, K. (2014). Learning throughSTEM rich tinkering: Findings from a jointly negotiated research project taken up in practice. Science Education.
- Blikstein, P. (2013). Digital fabrication and 'Making' in education: The democratization of invention. In J. Walter-Herrmann & C. Buching (Eds.), FabLabs: Of Machines, Makers and Inventors. Bielefeld: Transcript Publishers.
- Dixon, C. & Martin, L. (2014). Make to relate: Narratives of, and as, community practice. In Polman, J. L., Kyza, E. A., O'Neill, D. K., Tabak, I., Penuel, W. R., Jurow, A. S. O'Connor, K., Lee, T. & D'Amico, L. (Eds.), Proceedings of the international conference of the learning sciences (ICLS)

2014 (pp. 1591-1592). University of Colorado, Boulder.

- Dougherty, D. (2013). The maker mindset. In Design, make, play (pp. 25-29). Routledge.

- Duffy, T. M. & Jonassen, D. H. (1992). Constructivism and the technology of instruction: A conversation. Hilsdale, NJ: Lawrence Erlbaum Associates.

- Kalil, T. (2013). ve fun -learn something, do something, make something. In M. Honey & D. E. Kanter (Eds.), Design, make, play: Growing the next generation of STEM innovators (pp.12-16). New York: Routledge.

- Fosnot, C. T., & Perry, R. S. (1996). Constructivism: A psychological theory of learning. Constructivism: Theory, perspectives, and practice, 2(1), 8-33.

- Foster, C. H., Wigner, A., Lande, M., & Jordan, S. S. (2015, June). Welcome to the Maker movement: parallel education pathways of adult Makers. In 2015 ASEE Annual Conference & Exposition (pp. 26-1716).

- Greene, M. (1995). Releasing the imagination: Essays on education, the arts, and social change. San Francisco: Jossey-Bass, Publishers.

- Greene, M. (2001). Variations on a blue guitar: The Lincoln Center Institute lectures on aesthetic.

- Greene, M. (2005). A Constructivist Perspective on Teaching and Learning in the Arts; Constructivism; theory, perspective, and practice. cpter 7. 110-131.
- Harel, I. E. & Papert, S. E. (1991). Constructionism. Norwood, NJ: Ablex.
- Hatch, M. (2014). The maker movement manifesto. New York: McGraw-Hill Education.
- Holzer, M. F. (2007). Aesthetic education, inquiry, and the imagination. Retrieved March, 12, 2014, from http://www.imaginate.org.uk/wp-content/up.
- Hverson, E. R. & Sheridan, K. M. (2014). The maker movement in education. rvard Educational Review, 84(4), 495-504.
- Lang, D. (2013). Zero to maker. Sebastopol, C.A.: Maker Media.
- Loertscher, D. V., Preddy, L. & Derry, B. (2013). Maker spaces in the school library learning commons and the uTec maker model. Teacher Librarian, 48-51.
- Martin, L. (2015). The promise of the Maker Movement for education. Journal of Pre-College Engineering Education Research (J-PEER), 5(1), 4.

- Martinez, S. L. & Stager, G. (2013). Invent to learn. Torrance, Calif.: Constructing Modern Knowledge Press.
- McFedries, P. (2007). The hobbyist renaissance. IEEE Spectrum, 88.
- Mingjie, T., Yongqu, Y. & Ping, Y. (2016). The influence of the maker movement on engineering and technology education. World Transactionson Engineering and Technology Education, 14(1), 89-94.

수업에 100% 활용하는
메이커교육 가이드북

1판 1쇄 인쇄 2023년 1월 9일
1판 1쇄 발행 2023년 1월 17일

지은이 오보영
펴낸이 이기준
펴낸곳 리더북스
출판등록 2004년 10월 15일(제2004-000132호)
주소 경기도 고양시 덕양구 지도로 84, 301호(토당동, 영빌딩)
전화 031)971-2691
팩스 031)971-2692
이메일 leaderbooks@hanmail.net

ISBN 979-11-90616-89-8 03370